# München

Herausgegeben von Michael Volk
Texte von Elisabeth Bock, Christine Borowski, Sarah Gerstner,
Roland Hoffmann, Christian Pfeifer, Michael Volk

Die Deutsche Bibliothek verzeichnet diese Publikation in der Deutschen
Nationalbibliografie; detaillierte bibliografische Daten sind im Internet
über http://dnb.ddb.de abrufbar.


Streitfeldstraße 19; 81673 München,
Tel.: 0 89/420 79 69 80; Fax: 0 89/420 79 69 86

Druck: Auer GmbH, Donauwörth


ISBN 978-3-937200-62-0
www.volkverlag.de

# München

# Inhalt

# Willkommen in München!

Um die bayerische Landeshauptstadt besser kennenzulernen, lohnt sich ein kurzer Blick auf die Stadtgeschichte. Unter den großen bayerischen Städten ist München ein „Nachzügler“ und mit seinen 850 Jahren geradezu jugendlich. Denn: anders als etwa Augsburg, Regensburg oder Straubing, wo schon in der Antike Römer siedelten, wurde München erst im Hochmittelalter gegründet. Noch dazu im Zuge eines ziemlich rabiaten Aktes: Herzog Heinrich der Löwe riss 1158 die Isarbrücke des Freisinger Bischofs bei Oberföhring ein und verlegte die Handelsstraße mit ihrer lukrativen Brückenmaut einige Kilometer weiter südlich nach „Munichen“. Wie der Name verrät, siedelten hier ursprünglich Mönche. Noch heute erinnert das Stadtwappen daran: Einst bildete es tatsächlich einen Mönch ab, später wurde dieses Motiv als „Münchner Kindl“ in Mönchskutte umgedeutet.

Die Lage am Kreuzungspunkt zweier Handelswege sowie das vom Herzog verliehene Markt-, Münz- und Zollrecht legten die Grundlage für einen steilen Aufstieg. Den Stadtstatus bekam München ein paar Jahrzehnte nach der Marktgründung; zur Residenzstadt wurde München im 13. Jahrhundert; seit 1506 ist der Ort alleinige bayerische Haupt- und Residenzstadt.

Doch auch an Notlagen mangelte es nicht: Mehrmals wütete die Pest in München; im Laufe des 30-jährigen Krieges wurde die Stadt von schwedischen Truppen besetzt, im Spanischen (1704–1714) und Österreichischen Erbfolgekrieg (1743–1744) von österreichischen Truppen.

Napoleon erhob im Jahr 1806 das mit ihm verbündete Bayern zum Königreich und damit Kurfürst Max IV. Joseph zum König (Max I.). München wurde königliche Residenzstadt. Maximilians Nachfolger Ludwig I. strebte eine grundlegende architektonische Umgestaltung der Stadt an. Die von ihm in Auftrag gegebenen Bauwerke verliehen dem bis dahin mittelalterlich und barock geprägten Stadtbild ein neues, klassizistisches Gesicht. Hier haben auch die bekannten Attribute „Isar-Athen" oder „nördlichste Stadt Italiens" ihren Ursprung. Viele dieser baulichen Meisterwerke prägen heute noch das Münchner Stadtbild und geben ihm durch das Nebeneinander von typisch altbayerischen Bürgerhäusern und pompösen Gebäuden in Anlehnung südliche Vorbilder einen ganz besonderen Charme.

Ludwigs gleichnamiger Enkel, der wohl berühmteste der bayerischen Könige, zeigte in München dagegen wenig Initiative. Ludwig II. konzentrierte sich auf seine Schlösser unweit Münchens. Gerade im 19. Jahrhundert stieg die Einwohnerzahl der bayerischen Hauptstadt rasant an und an der Wende zum 20. Jahrhundert verzeichnete München bereits 500.000 Bewohner. Mit dem Ende des 1. Weltkriegs musste der bayerische König, Ludwig III., zurücktreten. Angesichts der von Krieg und Elend zermürbten unruhigen Volksmassen verließ der Monarch im November 1918 bei Nacht und Nebel die Stadt, Bayern wurde „Freistaat", sprich: Republik.

Not und Unzufriedenheit waren auch der Nährboden, der die NSDAP in München groß werden ließ: Auch wenn Adolf Hitlers Putsch-Versuch mit dem Marsch auf die Feldherrnhalle 1923 scheiterte und niedergeschlagen wurde, hatte er in München seine ersten propagandistischen Erfolge. Nach der Machtübernahme Hitlers 1933 erhielt München daher den Titel „Hauptstadt der Bewegung". Den unter Ludwig I. errichteten Königsplatz ließ Hitler zum Aufmarschplatz der Nationalsozialisten umfunktionieren. Das nahe München gelegene Dachau wurde zum ersten Konzentrationslager der nationalsozialistischen Machthaber.

UDWIG BECK

Am 30. April 1945 rückten die ersten amerikanischen Truppen in München ein und bereiteten der NS-Diktatur ein Ende. Die Kriegsjahre hinterließen in München verheerende Schäden: Ruinen prägten das Erscheinungsbild nicht nur im Zentrum. Nach großen Diskussionen entschied man sich gegen eine vollkommene Neukonstruktion und orientierte sich beim Wiederaufbau am Stadtbild der Vorkriegszeit. Viele bedeutende historische Gebäude wurden originalgetreu wieder aufgebaut, München erhielt seinen alten Charme zurück. Daneben entstanden bis in die Gegenwart auch viele Bauwerke renommierter zeitgenössischer Architekten und so glänzt die Stadt heute durch das Nebeneinander von Altem und Neuem.

Trotz 1,3 Millionen Einwohnern und geschäftigem Treiben wird München oft „Millionendorf" genannt. Bei einem Besuch in München erklärt sich dieser Ausdruck sehr schnell: Bei aller Hektik schätzt man doch auch die gemütlichen Seiten, man zeigt sich und will gesehen werden, man kennt sich und trifft sich.

Nehmen Sie sich doch auch ein wenig Zeit und genießen Sie diese besondere Münchner Atmosphäre, beispielsweise im Biergarten des Viktualienmarktes bei einer Maß Bier und einer Leberkas-Semmel. Dann können Sie auch in Ruhe entscheiden, welche der zahlreichen Münchner Attraktionen Sie als erstes erkunden möchten.

Auf Wiedersehen in München!

## 01
# St. Peter

Im Zentrum der Altstadt findet man Münchens älteste und traditionsreichste Kirche – ihr Vorgängerbau wurde vermutlich schon 100 Jahre vor der Gründung der Stadt von einem Mönchsorden auf dem sogenannten Petersbergl errichtet. Zahlreiche Neu-, An- und Umbauten hat die Kirche seither über sich ergehen lassen, bis sie zu ihrer heutigen Form gefunden hat.

Im Inneren der dreischiffigen Basilika wacht als Hochaltarfigur St. Peter, der sich vor allem in Zeiten der Sedisvakanz eines regen Besucherzustroms erfreut: Stirbt ein Papst, so wird der von Grasser gefertigten Skulptur die Tiara abgenommen und der Patron der Kirche zeigt sich solange barhäuptig, bis der Vatikan ein neues Oberhaupt ernannt hat.

Größter Publikumsmagnet ist jedoch der 91 Meter hohe Renaissance-Turm der Kirche, der mit Klanginstrumenten und Zeitmessgeräten gleichermaßen großzügig ausgestattet wurde: sieben Glocken und acht Uhren besitzt der „Alte Peter", von dessen Aussichtsplattform man bei gutem Wetter bis zu den Alpen sieht. Wer sich über die ungewöhnliche Ausrichtung seines Turmkreuzes wundert, dem sei versichert, dass es sich dabei lediglich um ein Zugeständnis an den häufig wehenden Westwind handelt und nicht – wie die Legende behauptet – um die Nachwirkungen eines Fußtritts des Teufels.

## 02
# Marienplatz

Das Herz Münchens bildet der Marienplatz mit seinen ca. 100 Metern Länge und 50 Metern Breite. Seit Gründung der Stadt 1158 durch Heinrich den Löwen war der Marienplatz zentraler Treffpunkt und Marktplatz. Den Namen Marienplatz erhielt er erst, nachdem der Getreidemarkt in den 1850er Jahren in die Schrannenhalle am Viktualienmarkt verlegt wurde.

Namensgebend war die Mariensäule in der Platzmitte. Sie wurde 1638 von Kurfürst Maximilian I. aufgestellt und sollte zur Erinnerung an den Abzug der schwedischen Truppen dienen, die München während des 30-jährigen Krieges besetzten, aber nicht zerstörten.

Der Sockel und die Säule bestehen aus Marmor, darauf sehen wir eine Madonnenfigur mit Zepter, Krone und Christuskind. Am Sockel sind Heldenputti zu finden, die einen Löwen, einen Basilisken, eine Schlange und einen Drachen bekämpfen – als Verkörperungen von Krieg, Pest, Unglauben und Hunger.

Ein weiterer Hingucker ist der Fischbrunnen, dessen Bronzefigur in Form eines Fisches an die Fischhändler erinnert, die, als der Marienplatz noch Marktplatz war, ihre lebendigen Waren im Brunnen schwimmen ließen.

03
# Neues Rathaus

Münchens Neues Rathaus wurde Ende des 19. Jahrhunderts errichtet, als das alte Rathaus schlichtweg zu klein für die Stadtregierung wurde. Die neugotische Gestaltung stammt von dem Grazer Architekten Georg von Hauberrisser. Der zunächst von ihm errichtete Bau stellte sich allerdings als nach wie vor nicht groß genug heraus, und so wurde das Neue Rathaus in zwei weiteren Bauabschnitten erweitert.

Das imposante Bauwerk umschließt heute sechs Innenhöfe, darunter der Prunkhof mit Wendeltreppe. Die Vorderseite ist prachtvoll gestaltet, sie zeigt den Welfenherzog Heinrich den Löwen, den Gründer der Stadt, und die Linie der wittelsbachischen Herrscher in Bayern. Prinzregent Luitpold ist in einem Reiterstandbild dargestellt.

Das Neue Rathaus ist Sitz des Münchner Oberbürgermeisters und des Münchner Stadtrates, der Ratsverwaltung und einigen Teilen der Münchner Stadtverwaltung.

## 04
# Glockenspiel

Im Rathausturm befindet sich das berühmte Münchner Glockenspiel. 43 Glocken läuten hier um 11 Uhr, 12 Uhr und von Mai bis Oktober auch um 17 Uhr. Insgesamt 32 Figuren bewegen sich zum Glockenklang und zeigen den sogenannten „Schäfflertanz" und das Ritterturnier, das zur Hochzeit von Wilhelm V. von Bayern und Renata von Lothringen 1568 auf dem Marienplatz stattfand.

Um 21 Uhr ist eine weitere Version des Glockenspiels zu hören, dazu erscheinen der Nachtwächter, das Münchner Kindl und der Friedensengel und läuten die Nacht in München ein.

## 05
# Altes Rathaus

Es besitzt eine lange und bewegte Vergangenheit: Münchens Altes Rathaus. Der heutige makellose Zustand darf aber nicht darüber hinwegtäuschen, dass nur noch wenig originale historische Bausubstanz vorhanden ist.

Errichtet wurde der gotische Saalbau am Ende des 15. Jahrhunderts. Ein umgebautes Stadttor diente als Ratsturm. Im Laufe der Zeit wurde es immer wieder umgestaltet. Zunächst dem Stil der Renaissance angepasst, erhielt es später einen Zwiebelturm und eine barocke Fassade und wurde daraufhin wieder regotisiert. Als die Stadtverwaltung 1874 ins Neue Rathaus umzog, nutzte man das Alte Rathaus in erster Linie nur noch zu repräsentativen Zwecken; außerdem wurde damals eine Durchfahrt zum „Tal" herausgebrochen.

Der Zweite Weltkrieg forderte auch vom Alten Rathaus seinen Tribut: Der Ratsturm wurde entfernt, um eine Durchfahrt für Panzer zu schaffen; das Hauptgebäude erlitt schwere Schäden. Als es 1953 bis 1958 wieder aufgebaut wurde, orientierte man sich am gotischen Original.

Höhepunkt ist der Ratssaal mit den aus Holz geschnitzten Moriskentänzern – Meisterwerke der Münchner Spätgotik (allerdings Kopien, die Originale werden im Stadtmuseum gezeigt) –, das gemalte Wappenfries, zahlreiche Holzschnitzereien sowie Statuen Ludwigs des Bayern und Heinrichs des Löwen. Im Turm des Rathauses befindet sich heute das Spielzeugmuseum, eine liebevolle Sammlung historischer Spielsachen.

## 06
# Frauenkirche (Dom)

Kein Gebäude innerhalb der Stadtgrenzen darf die beiden Türme des Münchner Wahrzeichens überragen, so das Resultat eines Volksentscheids aus dem Jahr 2004. Der Dom prägt zweifellos das Stadtpanorama, er besticht durch seine Größe in Verbindung mit der auf das Wesentliche reduzierten Architektur.

1468 wurde der Grundstein gelegt, doch die Bauarbeiten zogen sich über 100 Jahre hin. Für die berühmten Zwiebelhauben von 1525 stand der Felsendom in Jerusalem Pate, sie werden aber auch als Frühwerk der Renaissance angesehen.

Der Kirchenraum bot zur Zeit des Baus 20.000 Menschen Platz, obwohl München seinerzeit lediglich 13.000 Einwohner hatte. Im Innenraum unter dem Chor befinden sich in der Fürstengruft die ältesten Gräber der Wittelsbacher in München, so z.B. die Gebeine von Kaiser Ludwig dem Bayern.

## 07
# St. Michael

Mit der Jesuitenkirche St. Michael haben deren Schöpfer ein Meisterwerk geschaffen, das der Renaissance den Weg zum Barock weist. Herzog Wilhelm V. befahl 1583 den mächtigen Bau, der eines der größten freitragenden Tonnengewölbe der Welt beherbergt, für die nach München berufenen Jesuiten. Geweiht ist er dem Erzengel Michael, der Symbolfigur der Gegenreformation. Man sieht den Erzengel an der Außenfassade im siegreichen Kampf gegen das Böse.

Als der Glockenturm einstürzte, drängten die herzoglichen Finanzberater darauf, auf ihn zu verzichten. Der streng gläubige Herzog jedoch sah den Vorfall als Wink, die Kirche noch größer zu gestalten, und so entstand die größte Renaissancekirche nördlich der Alpen. Enorme Summen waren zu ihrer Errichtung notwendig.

Im Innenraum verewigten sich zahlreiche internationale Künstler mit ihrem Beitrag zur prunkvollen Gestaltung, zahlreiche Gemälde und Denkmäler zieren die Kirche. Von Beginn an fanden in dieser Kirche die Wittelsbacher ihre letzte Ruhestätte, der wohl berühmteste von ihnen, König Ludwig II., ruht in einem Zinksarg in der Fürstengruft. Auch Wilhelm V. und dessen Sohn Kurfürst Maximilian I. sind hier bestattet.

## 08

# Karlstor und Karlsplatz (Stachus)

Der Name Stachus, wie die Münchner den Karlsplatz nennen, stammt von dem Gastwirt Eustachius Föderl, der an diesem Platz seit 1755 ein Gasthaus namens Stachusgarten betrieben hatte. Offiziell ist der Platz jedoch nach dem Kurfürsten Karl Theodor benannt, der hier die Stadtbefestigung sprengte und die Stadterweiterung anregte. Heute noch steht hier das westliche Tor der alten Stadtmauer, das Karlstor. Durchquert man es, so taucht man in die weitläufige Fußgängerzone ein. Als hier bis 1972 noch Autos fuhren, galt der Stachus als verkehrsreichster Platz Europas.

Das aus dem frühen 14. Jahrhundert stammende Stadttor wurde um 1900 in eine wirkungsvolle Rondell-Architektur einbezogen. Auf dem dadurch gebildeten halbkreisförmigen Vorplatz lädt im Sommer ein Brunnen zur Erfrischung, im Winter eine künstliche Eisbahn zum Schlittschuhlaufen ein.

Max-Joseph-Platz mit dem Königsbau der Residenz

## 09
# Max-Joseph-Platz

Ein wahrhaft königlicher Platz ist der Max-Joseph-Platz mitten in der Münchner Altstadt. Das liegt nicht nur an der majestätischen, auf einem hohen Sockel thronenden Statue in seiner Mitte: Der erste bayerische König, Max I. Joseph, wurde damit 1835 geehrt.

Auch die umgebenden Bauwerke verleihen der großzügigen Platzanlage ein prächtiges Erscheinungsbild. So nimmt die gesamte Nordseite des Platzes die Fassade des Königsbaus ein. Dieser Teil der Residenz wurde im frühen 19. Jahrhundert in Anlehnung an den Palazzo Pitti in Florenz errichtet. Im Osten schließen sich das eher unscheinbare Residenztheater und der umso imposantere klassizistische Bau des Nationaltheaters an. Im Süden hat Leo von Klenze mit der Alten Hauptpost ein Meisterwerk der Neorenaissance geschaffen und erinnert damit wiederum an Vorbilder in Florenz. Dass man sich nicht in Italien befindet, sondern mitten in München zeigt sich auf der vierten Seite mit den gepflegten Bürgerhäusern, die einst typisch für das Zentrum der bayerischen Landeshauptstadt waren.

## 10

# Nationaltheater

Münchens Nationaltheater hat eine lange Geschichte hinter sich. Im Jahr 1811 begann der Architekt Karl von Fischer den Bau des von König Max I. Joseph angeforderten Opernhauses. Die Errichtung des Gebäudes erwies sich allerdings als teurer als erwartet, und so konnte es erst 1818 eröffnet werden. Durch einen Brand im Januar 1823 wurde das Theater allerdings bald bis auf die Grundmauern zerstört, als die Dekoration bei einer Aufführung Feuer fing und das Löschwasser eingefroren war.

Leo von Klenze wurde alsbald mit dem Wiederaufbau beauftragt und bereits 1825 konnte das Theater erneut eröffnet werden. Es erhielt diesmal auch einen Säulenvorbau, den der Architekt von Fischer ursprünglich eingeplant hatte. Nach einem Umbau 1854, bei dem wegen der Verbreiterung der Maximilianstraße ein Teil des Theaters entfernt werden musste, forderte der Zweite Weltkrieg seinen Tribut; nach den nächtlichen Bombenangriffen des 3. Oktobers 1943 standen nur mehr die Grundmauern des Nationaltheaters. Man entschloss sich, es abermals zu rekonstruieren.

Seither beherbergt das Theater eine der größten Opernbühnen der Welt und fasst 2.100 Zuschauer. Fünf Ränge und eine Königsloge im Zuschauerraum und der Säulenportikus an der Fassade zum Max-Joseph-Platz mit doppeltem Giebel machen das Opernhaus zu einem der prachtvollsten Gebäude Münchens, in dem man heute das Bayerische Staatsballett und die Bayerische Staatsoper genießen kann.

APOLLINI MVSISQVE REDDITVM

rechts **Skulpturensammlung im Antiquarium**
folgende Doppelseite links **Westfassade an der Residenzstraße**
folgende Doppelseite rechts **Festsaalbau an der Hofgartenseite**

# 11
# Residenz

Ein hervorragendes Zeugnis höfischer Tradition liefert die Münchner Residenz. 1385 begann der Bau der Neuveste als gotische Wasserburg an der Stelle der heutigen Residenz. Die Neuveste wurde aber erst im 16. Jahrhundert als offizieller Regierungssitz genutzt. Von da an gestalteten und erweiterten die regierenden bayerischen Herzöge, Kurfürsten und Könige aus dem Haus Wittelsbach über vier Jahrhunderte hinweg ihren Regierungs- und Wohnsitz und so entwickelte sich ein Bauwerk, das Züge der Renaissance, des Barocks, aber auch klassizistische Linien, wie von Ludwig I. vorgegeben, vereint. Die nachfolgenden Könige Maximilian II., Ludwig II. und der letzte bayerische König, Ludwig III., veränderten hauptsächlich nur die innere Gestaltung nach ihren Bedürfnissen und Vorlieben.

Im Zweiten Weltkrieg wurde die Residenz schwer zerstört, ein Großteil der Inneneinrichtung aber konnte ausgelagert werden, sodass eine originalgetreue Rekonstruktion möglich war. Die drei Hauptkomplexe des größten Innenstadtpalastes Deutschlands – Königsbau, Maximilianische Residenz und der Festsaalbau – konnten bis 1980 wieder vollständig rekonstruiert werden.

Besondere Aufmerksamkeit verdient die Residenz nicht nur durch das von Herzog Albrecht V. erbaute Antiquarium als prunkvoller Renaissancesaal für die Präsentation seiner Skulpturen, sondern auch durch die Schatzkammer, in der heute auch die bayerische Königskrone aufbewahrt wird.

HOFAPOTHEKE
HOFAPOTHEKE

## 12
# Cuvilliés-Theater

Ein „neues Opera Hauß" wollte der bayerische Kurfürst Max III. Joseph nach einem Residenzbrand im Jahr 1750 und beauftragte den Architekten François Cuvilliés d. Ä. mit dem Projekt. Das nach ihm benannte, neue prachtvolle Rokokotheater entstand Mitte des 18. Jahrhunderts an Stelle des alten Badehauses seines Vorgängers Karl Albrecht. Die kostbare Innenausstattung mit aufwändigen Schnitzereien zu den Themen Natur, Kunst und Mythologie gestaltete der Bildhauer Johann Baptist Straub, für den Stuck und das Deckenfresko war Johann Baptist Zimmermann zuständig.

Besonders beliebt waren im 18. Jahrhundert italienische Aufführungen, und ein besonderer Ruhm für das Theater war 1781 die Uraufführung von Mozarts Oper Idomeneo. Nach der totalen Zerstörung des Cuvilliés-Theaters während des Zweiten Weltkriegs wurde es 1956–58 wieder aufgebaut. Allerdings war an der Stelle des alten Cuvilliés-Theaters 1951 das Neue Residenztheater errichtet worden, weshalb das alte Theater in den Apothekentrakt der Residenz weichen musste. Der Wiederaufbau war relativ schnell realisierbar, da die kostbare Innenausstattung vor Kriegsschäden gerettet werden konnte und somit heute wieder bestaunt werden kann.

## 13
# Hofgarten

Bei einem Besuch in München darf ein Spaziergang durch den Hofgarten nicht fehlen. Der prachtvolle Barockgarten wurde im 17. Jahrhundert vom Kurfürsten Maximilian I. in Auftrag gegeben und nach italienischem Vorbild angelegt. Vom Odeonsplatz aus führt der Weg zum Hofgarten durch das Hofgartentor, das von Leo von Klenze, dem Hofarchitekten Ludwigs I., 1816/17 errichtet wurde.

Vom Frühling bis in den Herbst erstrahlt der Garten durch prächtige Bepflanzungen, und die geometrisch angelegten Wege führen den Besucher zum Dianatempel in der Mitte des Hofgartens, in dem Konzerte stattfinden oder Tänzer ihre Darbietungen präsentieren. Der Hofgarten wird in allen Himmelsrichtungen von historischen Gebäuden umgeben: Die Residenz, Arkadengänge, das Deutsche Theatermuseum und die Bayerische Staatskanzlei schirmen den Garten vom städtischen Trubel ab. Für besonderes Flair sorgt die Münchner Boule-Szene, die sich hier täglich zum Spiel zusammenfindet.

14

# Theatinerkirche

Die oft zitierte Wendung von München als der „nördlichsten Stadt Italiens" – in kaum einer Situation erschließt sich der Sinn dieses Beinamens unmittelbarer als beim Besuch der Theatinerkirche St. Kajetan. Und dies vollkommen zu Recht: Die im 17. Jahrhundert erbaute Ordenskirche erinnert nicht nur ebenso nachdrücklich wie unweigerlich an ihre berühmten Vorbilder in Venedig und Rom, sie ist auch tatsächlich das historisch erste Gotteshaus nördlich der Alpen im Stile des italienischen Hochbarocks. Erst knapp ein Jahrhundert nach Fertigstellung der Innenausstattung im Jahre 1688 erhielt die Kirche ihre Außenfassade; dies erklärt den spannungsvollen Gegensatz zwischen barockem Interieur und der Fassade im Geiste des Rokoko.

Von Beginn an fungierte die Theatinerkirche als Hofkirche der Wittelsbacher, weshalb das Gebäude auch über eine bedeutende Fürstengruft verfügt. Nicht weniger als 49 Mitglieder des ehemaligen bayerischen Herrschergeschlechts sind hier bestattet, darunter Karl VII., Kaiser des Heiligen Römischen Reiches Deutscher Nation, der erste bayerische König, Maximilian I. Joseph, Prinzregent Luitpold oder auch der letzte bayerische Kronprinz Rupprecht.

## 15
# Feldherrnhalle

Friedrich von Gärtner errichtete 1841 bis 1844 im Auftrag von König Ludwig I. die Feldherrnhalle. Er setzte mit diesem Gebäude der bayerischen Armee und deren Feldherren ein Denkmal. Als Vorbild diente die Loggia dei Lanzi in Florenz.

Die Standbilder aus Erz in den Seitenarkaden, die aus eingeschmolzenen feindlichen Kanonen gegossen wurden, stellen Graf Tilly – siegreicher General im Dreißigjährigen Krieg – und Fürst Wrede – 1814 siegreich gegen die napoleonischen Truppen – dar.

1923 wurde der Hitler-Putsch an der Feldherrnhalle niedergeschlagen, weswegen die Nationalsozialisten sie nach der Machtübernahme zu einem ihrer wichtigsten Propagandazentren machten. Eine von den Nationalsozialisten angebrachte Gedenktafel mit davor postierten Ehrenwachen sollte an die getöteten Putschisten erinnern. Jeder Passant hatte den Hitlergruß davor zu entbieten. Wer sich weigerte, nahm einen Umweg durch die Viscardigasse, die deshalb den Namen „Drückebergergasserl" erhielt. Die Tafel wurde nach Kriegsende 1945 entfernt; heute erinnert eine Gedenktafel an die beim Putsch ums Leben gekommenen Landespolizisten.

16

# Alter Hof

Münchens Alter Hof ist die erste Herscherresidenz der Wittelsbacher in München und lag einst in der nordöstlichen Ecke der ersten mittelalterlichen Stadtbefestigung. Von 1328 bis 1347 erfuhr der Alte Hof seine größte Bedeutung als Regentschaftssitz Kaiser Ludwigs des Bayern. Im 15. Jahrhundert verlor er seine Funktion als Herrscherresidenz an die Neuveste, an deren Stelle heute die Residenz steht.

Im Zweiten Weltkrieg wurde der alte Hof zum großen Teil zerstört, Von der Vierflügelanlage blieben vor allem der Burgstock im Süden und der Zwingerstock im Westen erhalten. Pfisterstock und Brunnenstock sind weitgehend Neubauten der Nachkriegszeit.

Der Burgstock beherbergt den Torturm und einen Erker, den eine Affenfigur ziert, das sogenannte „Affentürmchen". Dieser erinnert an eine Legende, nach der Ludwig der Bayer als Baby von einem zahmen, zum Hof gehörenden Affen entführt wurde. Der Affe hob den kleinen Ludwig aus seiner Wiege und erschrak über die entsetzten Schreie der Amme so sehr, dass er mit ihm auf den Erker kletterte. Erst als der Affe sich beruhigt hatte, brachte er das Baby wieder unversehrt in seine Wiege zurück.

## 17
# Alte Münze

Als eines der frühesten und gelungensten Beispiele für Renaissancebauten nördlich der Alpen genießt die Alte Münze einen besonderen Ruf. Erbaut wurde sie 1567, um die Pferde und Kutschen der bayerischen Herzöge unterzubringen. In den Stockwerken über diesem Marstalltrakt fand die wittelsbachische Kunstkammer Aufnahme. Ab 1809 zog dann die Königliche Münzstätte in den Bau ein – daher auch der Name „Alte Münze" – und heute sitzt dort das Bayerische Landesamt für Denkmalpflege.

Hat sich auch die Nutzung im Laufe der Jahrhunderte immer wieder geändert, so ist doch eines gleich geblieben und lohnt auch heute noch einen Blick: der außergewöhnliche Innenhof in seiner frühen bayerischen Variante der italienischen Renaissance. Über drei Stockwerke ziehen sich Arkadengänge rund um den Hof und vermitteln einen Hauch Italien. Die Außenfassade wurde leider 1809 im frühklassizistischen Stil überformt.

## 18
# Hofbräuhaus

„In München steht ein Hofbräuhaus – oans, zwoa gsuffa!“. Die weltberühmte, viel besungene Bierwirtschaft am Platzl zählt mit Sicherheit zu den beliebtesten Attraktionen Münchens. Knapp 2 Millionen Gäste pro Jahr besuchen heute die einstige Herzogliche Weißbierbrauerei und trinken dabei 1,5 Millionen Liter Bier.

Seit 1644 steht das Hofbräuhaus bereits am Platzl, doch erst ab 1828 wird dort das Bier auch ganzjährig ausgeschenkt. Nach der Verlegung der Brauerei 1896 entstand der heutige Bierpalast.

Zu den zahlreichen ehemaligen und derzeitigen Stammgästen zählt neben Prominenten wie Kaiserin Elisabeth („Sissi“) oder W. A. Mozart laut der bekannten Satire „Ein Münchner im Himmel“ (1911) auch ein Engel in göttlicher Mission: Der Protagonist des Stücks, Dienstmann Alois Hingerl, verstirbt an einem Schlaganfall und wird in den Himmel aufgenommen. Dort angekommen wendet er sich jedoch lautstark gegen die himmlische „Hausordnung“ und legt ein derart renitentes Verhalten an den Tag, dass der liebe Gott ihn letztendlich auf die Erde zurückschickt. Als himmlischer Dienstbote soll er dem bayerischen Kultusministerium die göttlichen Ratschläge überbringen. Zurück in München sucht er nach alter Gewohnheit jedoch zunächst das Hofbräuhaus auf, wo er noch heute sitzt – zum Leidwesen der bayerischen Regierung, die noch immer auf die Eingebung des Himmels warten muss.

HB
Hofbräuhaus
HB

19

# Heilig-Geist-Kirche

Eine der ältesten Kirchen in München ist die Heilig-Geist-Kirche zwischen dem Viktualienmarkt und dem Alten Rathaus. Schon im 13. Jahrhundert wurde am damaligen Thalburgtor ein Spital mit einer romanischen Kapelle gebaut. Nachdem das Spital und die dazugehörige Katharinenkapelle bei einem verheerenden Stadtbrand im Jahr 1327 vollkommen zerstört wurden, richtete man an derselben Stelle eine neue, größere Kirche. Dieser gotische Kirchenbau wurde 1724–30 von den Brüdern Asam und dem Baumeister Johann Georg Ettenhofer ganz im Sinne des Barock und Rokoko neu gestaltet. Die Gewölbefresken erzählen seitdem die Gründungsgeschichte des Spitals.

Als das Spital 1806 abgerissen wurde, war der frei gewordene Platz neben der Heilig-Geist-Kirche der ideale neue Standort des Viktualienmarkts.

20

# Viktualienmarkt

Blumen, Käse, Wein, Fleisch, Wurst, Kräuter und Gewürze – Der Viktualienmarkt ist als Delikatessenparadies und Fest für die Sinne weltberühmt. Als der Marienplatz zu klein für das tägliche Markttreiben wurde, ordnete König Max I. Joseph an, den Markt an seinen heutigen Standort neben die Heilig-Geist-Kirche zu verlegen. Seit 1807 ist der Viktualienmarkt (Viktualien lat. = Lebensmittel) fester Bestandteil von Münchens Innenstadt. Die ständig wechselnden Buden wurden ab 1870 durch feste Stände ersetzt. Der Markt expandierte immer weiter, bis 1890 war er auf seine heutige Größe dann „gewachsen".

Heute besteht er aus sieben Abteilungen und beherbergt 140 Händler, die Lebensmittel, Feinkostartikel, Blumen aber auch Kunst vertreiben. Auch ein Biergarten findet sich auf dem Marktplatz, der zum Einkehren einlädt und von dem aus man das bunte Markttreiben am besten beobachten kann. Sechs über den Markt verteilte Brunnen erinnern an berühmte Münchner Personen wie Karl Valentin und Liesl Karlstadt.

## 21
# Stadtmuseum

Das Münchner Stadtmuseum am St.-Jakobs-Platz birgt nicht nur historische Schätze aus 850 Jahren Stadtgeschichte; es ist selbst in einem historischen Gebäude untergebracht: im ehemaligen Zeughaus von 1431 und im Marstall, das 1410 als Stadthaus für Getreide und Rüstungen gebaut wurde.

Der Besucher kann heute in einzigartigen Schaustücken der Münchner Stadt- und Kulturgeschichte schwelgen. In der Dauerausstellung „Typisch München“ werden die unverwechselbaren Züge der Stadt und ihrer Menschen skizziert, Reizworte wie Bier- und Kunststadt werden sichtbar, die kulturelle Aufbruchstimmung um 1900, schließlich die „Hauptstadt der Bewegung“ und das Wiedererstehen der „heimlichen Hauptstadt“ in der Zeit des Wirschaftswunders sind herausragende Stationen dieser Schau – von Rüstungen und Waffen über Ratssilber, Goldschmiedearbeiten, Spielzeug, Trachten und Kostüme bis hin zu den Moriskentänzern von Erasmus Grasser.

Die historischen Abteilungen des Museums werden ergänzt von Spezialsammlungen. So sind Puppenspiele aus Europa, Asien und Afrika zu bestaunen, das Fotografiemuseum beherbergt über 500.000 Fotografien und im Filmmuseum gibt es Vorführungen weltberühmter Klassiker aus unterschiedlichen Filmepochen.

DOK
FEST
Internationales

## 22
# Synagoge

Fast 70 Jahre nachdem die alte Synagoge in der Herzog-Max-Straße von den Nationalsozialisten zerstört worden war, entstand auf der Nachkriegsbrache des St.-Jakobs-Platzes von 2003 bis 2006 ein neues Zentrum für die jüdische Gemeinde Münchens.

Zu dem neu errichteten Ensemble gehören auch das Jüdische Museum und das Gemeinde- und Kulturzentrum. Den Mittelpunkt bildet aber in jeder Hinsicht die neue Synagoge Ohel Jakob. Auffällig ist alleine schon die Basis aus Travertinplatten, die an die Klagemauer in Jerusalem erinnert. Aus dieser trutzig wirkenden Ummauerung erhebt sich ein Glaskubus, der mit einem Metallnetz umfasst ist. Aus den Dreiecken dieses Netzes lässt sich wiederum das Muster des Davidsterns zusammensetzen.

23

# Theater am Gärtnerplatz

König Ludwig II. gab 1864 den Startschuss für den Neubau eines vom Volk lang herbeigesehnten neuen Theaterhauses. Was zunächst als vom Hof unabhängiges Theater begann, wurde aus finanzieller Not heraus bald zum dritten Hoftheater erklärt.

Das Theater am Gärtnerplatz (benannt nach dem Architekten Friedrich von Gärtner) wurde im Laufe der Jahre mehrere Male umgebaut, sowohl Zuschauerraum als auch Äußeres erhielten ein neues Aussehen. 1968 entschloss man sich jedoch, ihm seine ursprüngliche Gestalt zurückzugeben und rekonstruierte das Theater so, wie es der Architekt Franz Michael Reifenstuel im 18. Jahrhundert entworfen hatte. Die eher schlichte Bauweise wurde durch den Bau von Logen, wie sie auch in den Hoftheatern zu finden waren, zu einem Volkstheater mit königlichen Elementen aufgepeppt.

Das Repertoire des Theaters umfasst vor allem Musicals, Opern, Operetten und Tanztheater.

WERTHER
MOZART

## 24
# Dallmayr

Das Gebäude des weltweit bekannten Delikatessenanbieters gehört mittlerweile zu den Sehenswürdigkeiten Münchens. Es prägt seit Jahrzehnten das Bild der Stadt nicht zuletzt aufgrund der Fernsehwerbung. Jahr für Jahr zieht es über 1,5 Mio. Besucher aus aller Welt an, ebenso viele Münchner besuchen die unmittelbar hinter dem Neuen Rathaus gelegene Institution.

Auch heute noch wird hier täglich frisch gerösteter Kaffee aus edlen, handbemalten Porzellangefäßen verkauft und mit speziell für Dallmayr entworfenen und gefertigten Balkenwaagen abgewogen. Neben der Kaffeeabteilung bietet das Delikatessenhaus Dallmayr in den mit Säulen verzierten Verkaufsräumen alles, was der Gaumen begehrt: Tee, Confiserie, Weine, Spirituosen, Zigarren, Fisch, Meerestiere, Käse, Wurstwaren, Fleisch, Salate, Brote, Pasta … alles verlockend präsentiert.

Alois Dallmayr

25

# Maximilianstraße

Angelsächsische Neogotik, italienische Renaissance und Elemente moderner Architektur des 19. Jahrhunderts: am architektonischen „Stilmix" der Maximilianstraße, benannt nach König Maximilian II. (1811–1864), scheiden sich bis heute die Geister. Unabhängig vom ästhetischen Empfinden des Betrachters aber steht außer Frage, dass die luxuriöse Einkaufsmeile von heute ein nicht nur in München einzigartiges Erscheinungsbild besitzt.

Ihren Ausgangspunkt besitzt die Maximilianstraße am Max-Joseph-Platz, von dort erstreckt sie sich kerzengerade in östlicher Richtung über Altstadtring und Isar und findet ihren krönenden Abschluss im prächtigen Kulissengebäude des Maximilianeums, seit 1949 Sitz des Bayerischen Landtages. Ihren Ruf als Luxusboulevard der Reichen und Schönen verdankt sie einer ganzen Reihe von Modeboutiquen, Edeljuwelieren, Nobelhotels und Kunstgalerien.

## 26
# Maximilianeum

Das Maximilianeum, aus städtebaulicher Perspektive prachtvoller Kulminationspunkt der Maximilianstraße, besitzt heute eine Doppelfunktion: gleichzeitig dient es als repräsentativer Sitz des Bayerischen Landtags und, gemäß der ursprünglichen Intention, als Eliteanstalt zur Förderung hochbegabter bayerischer Studenten. Bis zum Ende des Ersten Weltkriegs beherbergte das Gebäude darüber hinaus auch die königliche Pagenschule.

Die Zugangsbeschränkungen für die von Maximilian II. ins Leben gerufene Studienstiftung dürften dabei noch erheblich schwerer zu erfüllen sein als die für den Bayerischen Landtag: Grundvoraussetzung ist nicht nur ein Abitur mit der Idealnote 1,0 (dies schafften 2008 in Bayern immerhin 345 Schüler), sondern auch das Bestehen einer schriftlichen und mündlichen Prüfung sowie der Nachweis einer breiten Allgemeinbildung und hohen sozialen Kompetenz. Wer es aber schafft, einen der begehrten sechs bis acht Plätze pro Jahr zu ergattern, wird Mitglied eines illustren Kreises: Zu den ehemaligen Stipendiaten zählen beispielsweise der bayerische Ex-Ministerpräsident Franz Josef Strauß oder auch der Physik-Nobelpreisträger Werner Heisenberg.

## 27
# Justizpalast

Der Justizpalast dominiert mit seinen neobarocken Formen, der Kuppel und der mächtigen Fassade den Karlsplatz (Stachus). Der Architekt Friedrich Max von Thiersch erbaute ihn 1890 bis 1897.

Bis heute ist der Justizpalast an der Prielmayerstraße Sitz des Bayerischen Justizministeriums und des Landgerichts Münchens I. Nach der Fertigstellung dieses imposanten Bauwerks wurde es aber schon bald zu klein und der mittlerweile in den Ritterstand erhobene Architekt Thiersch gestaltete 1905 das benachbarte Neue Justizgebäude, diesmal als neogotischen Backsteinbau, in dem heute das Oberlandesgericht und der Bayerische Gerichtshof untergebracht ist.

# 28
# Lenbachplatz

Wo sich bis ins 19. Jahrhundert die Münchner Stadtbefestigung entlangzog, führt heute der Altstadtring rund um das Stadtzentrum. In direkter Nachbarschaft zum Stachus wurde dabei nach Auflösung der Wehranlagen der Lenbachplatz mit seinen prächtigen Bauten angelegt. Benannt wurde der Platz nach dem Münchner Malerfürsten Franz von Lenbach (1836–1904).

Zur Fertigstellung des Wasserleitungsnetzes für alle Münchner Haushalte wurde dort der klassizistische Wittelsbacherbrunnen eröffnet. Ein reitender Jüngling auf einem Wasserpferd und die Wassernymphe thronen als monumentale Plastiken auf dem Brunnen.

Gegensätzlich wirkt auf der anderen Platzseite das Künstlerhaus im Stil der Neorenaissance. Dieses am Ende des 19. Jahrhunderts erbaute Haus war Mittelpunkt des wilden Münchner Künstlertreibens dieser Zeit. Weiterer markanter Eckpunkt des Platzes ist das im Neobarock-Stil erbaute Palais Bernheimer. Als Vertreter der Nachkriegsmoderne sei die Neue Maxburg genannt. Nach den Zerstörungen während des Zweiten Weltkriegs entstand sie an Stelle der ehemaligen Herzog-Max-Burg aus dem 16. Jahrhundert.

29

# Asamkirche

Geradezu bescheiden fügt sich die Asamkirche in das kleinteilige Häuserbild der Sendlinger Straße ein. Doch beim genaueren Blick auf die Fassade wird klar, dass man hier ein außergewöhnliches Bauwerk vor sich hat; und beim Betreten der Kirche werden diese Erwartungen nicht enttäuscht: Auf äußerst kleiner Grundfläche präsentiert sich ein imposanter Innenraum, der durch das Ineinandergreifen von architektonischer, plastischer und malerischer Gestaltung eine einzigartige Raumwirkung entfaltet.

Den Brüdern Cosmas Damian und Egid Quirin Asam gelang damit ein echter Geniestreich. Im Volksmund wird die Kirche nach ihren Erbauern und nicht nach ihrem Patron St. Johann Nepomuk benannt.

Das zwischen 1733 und1746 erbaute Gotteshaus gilt als eines der bedeutendsten Bauwerke des süddeutschen Spätbarock. Für die Brüder Asam war es ein langer Weg bis zur Genehmigung dieser Privatkirche. Bei den Münchnern aber machten sie sich mit diesem Bau nicht beliebt. Ihnen gefiel es nicht, dass sich jemand für den privaten Gebrauch eine Kirche errichten ließ. Letztendlich setzte sich die Bürgerschaft durch, die Kirche ging an die Gemeinde über.

30

# Sendlinger Tor

Das Sendlinger Tor ist das südlichste der drei erhaltenen Tore der früheren Münchner Stadtbefestigung. Ludwig der Bayer ließ es im Rahmen der Stadterweiterung 1318 errichten. Wenn man München zu damaliger Zeit durch dieses Tor verließ, gelangte man in das Dorf Sendling, dem das Tor seinen Namen verdankt. Ursprünglich bestand das Tor aus einem Mittelturm und zwei Seitentürmen, der Mittelturm wurde allerdings 1808 abgerissen. Auch die früheren drei Toreingänge wurden 1906 entfernt und an deren Stelle ein einziger gesetzt, was sich als verkehrstechnisch günstiger erwies. Der Weg in die Münchner Innenstadt durch das Sendlinger Tor führt heute direkt in eine beliebte Einkaufsstraße, die Sendlinger Straße.

## 31

# Ludwigstraße und Staatsbibliothek

Im Süden begrenzt durch die Feldherrnhalle, im Norden abgeschlossen durch das Siegestor: Architektonisch in sich geschlossen erstreckt sich das Prestigeprojekt von Münchens Großbaumeister Ludwig I. auf einer Länge von genau einem Kilometer. Geplant und ausgeführt wurde die Prachtstraße von den Architekten Leo von Klenze und Friedrich Gärtner, denen der Monarch mit seinen ständigen Forderungen nach mehr Monumentalität gehörig auf die Nerven ging. Dennoch gelang es den beiden Hofbauräten, den gewünschten Pomp in ein elegantes Gewand zu kleiden und einen Boulevard zu verwirklichen, dessen Rundbogenarchitektur als Musterbeispiel klassizistischer Baukunst viel Lob erfahren hat.

Damals wie heute verbergen sich hinter den Palastfassaden im Stil der italienischen Renaissance größtenteils öffentliche Institutionen: Die schlanken Türme der Ludwigskirche, der mächtige Bau der Staatsbibliothek und die großzügige Anlage der Universität gehören zu den berühmtesten Gebäuden, die die königliche Renommiermeile säumen.

Die 1558 gegründete bayerische Staatsbibliothek gehört mit 52.000 laufenden Zeitschriften, 92.000 Handschriften und einem Gesamtbestand von beinahe 10 Millionen Bänden nicht nur zu den wichtigsten Universalbibliotheken in Europa, sondern hat sich auch international einen Namen als bedeutendes Forschungsarchiv gemacht.

## 32
# Ludwig-Maximilians-Universität

Gegründet 1472 in Ingolstadt durch Herzog Ludwig den Reichen, wurde die Universität im Jahre 1826 von König Ludwig I. über eine Zwischenstation in Landshut nach München geholt. Namensgeber der Universität sind die im Lichthof des Universitätshauptgebäudes thronenden Herzog Ludwig sowie König Maximilian I. Dem Universitätshauptgebäude am Geschwister-Scholl-Platz verlieh Architekt Friedrich von Gärtner neoromanische Formen. Nach seiner Fertigstellung 1840 diente es zwischen 1.000 und 5.000 eingeschriebenen Studenten als Stätte der Forschung und Lehre.

Die heutige Universität umfasst 18 Fakultäten mit ca. 140 möglichen Studienfächern und insgesamt ca. 41.000 Studenten, wobei sich die einzelnen Gebäude in der ganzen Stadt verteilen und keinen einheitlichen Campus bilden. Die LMU ist heute neben BMW und Siemens der drittgrößte Arbeitgeber der Stadt.

## 33
# Siegestor

Das Siegestor am Ende der Ludwigstraße dient als glanzvoller klassizistischer Rahmen für diese Münchner Prachtstraße. Es bildet damit das nördliche Pendant zur Feldherrnhalle. Zu Ehren des siegreichen bayerischen Heeres wünschte sich König Ludwig I. für München einen Triumphbogen, der so aussehen sollte wie der römische Konstantinbogen. 1843 bis 1852 wurde daran gebaut, dann stand das imposante Bauwerk.

Noch heute beeindruckt das Siegestor mit seiner klassisch anmutenden Erhabenheit und den ausgewogenen Proportionen. Bekrönt wird es von der Bavaria mit Löwenquadriga, die dem Heer stadtauswärts entgegenkommt. Zahlreiche Reliefs und Medaillons zieren die Fassade und erinnern an Kämpfe und an die bayerischen Provinzen.

Der Zweite Weltkrieg zerstörte einen Großteil des Siegestores, 1958 wurde es wieder aufgebaut. Seither ziert folgender Spruch die Südseite: „Dem Sieg geweiht, vom Krieg zerstört, zum Frieden mahnend.“ So wurde aus dem Denkmal für das siegreiche bayerische Heer ein Mahnmal zum Frieden.

DEM BAYERISCHEN HEERE

## 34 Königsplatz

Eine klassizistisches Schmuckstück des unter Ludwig I. zum „Isar-Athen“ umgestalteten München ist der Königsplatz. Grundidee war, den Fürstenweg von der Residenz zum Schloss Nymphenburg zu einer Prachtstraße auszubauen und mit großen Plätzen zu schmücken. Wurde dieses Konzept auch letztlich nicht vollständig umgesetzt, so verdankt ihm doch immerhin der Königsplatz sein Dasein.

1862 wurde er fertiggestellt und ist in seiner heutigen Erscheinung hauptsächlich Leo von Klenze zu verdanken. Für König Ludwig I. schuf er einen Platz, der die Antike in klassizistischen Formen wiederbelebt. So entstanden als mittlerer Teil des Ensembles die Propyläen, ein Torbau nach antikem Vorbild, der zugleich als Denkmal für den griechischen Freiheitskampf und für Ludwigs Sohn König Otto von Griechenland dient. Zur Rechten der Propyläen steht die Antikensammlung, zur Linken die Glyptothek, das erste für Skulpturen eigens erbaute Museum in Deutschland.

In der NS-Zeit wurde der Königsplatz zum Aufmarschgelände umgebaut und an der vierten Seite des ursprünglich zur Innenstadt offenen Platzes mit NS-Bauten geschlossen. Erst seit den 1980er Jahren entspricht der Platz weitgehend wieder dem klassizistischen Originalzustand. Zum Gedenken an die Bücherverbrennung von 1933 finden dort alljährlich Gedenkveranstaltungen statt.

## 35
# Lenbachhaus

Als Atelier- und Wohngebäude ließ sich der Münchner Malerfürst Franz von Lenbach (1836–1904) um 1890 eine regelrechte Residenz nach Art italienischer Villen errichten. Der Dreiflügelbau umschließt einen idyllischen Garten, der mit seinen Brunnen und heckenumsäumten Wegen die Besucher des Hauses zum Verweilen einlädt. Seit 1924 wird in den Räumen die Städtische Galerie präsentiert.

Den Grundstock des mittlerweile weltberühmten Kunstmuseums bildeten zahlreiche Gemälde von Franz von Lenbach. Weltruhm erhielt die Sammlung aber vor allem durch die Werke der von Wassily Kandinsky und Franz Marc 1911 gegründeten Gruppe Blauer Reiter, deren Mitglieder als wichtige Vertreter der klassischen Moderne gelten.

Seine Popularität verdankt das Lenbachhaus aber nicht nur der Präsentation der Werke Münchner Künstler, den Werken der Neuen Sachlichkeit und der einmaligen Sammlung des Blauen Reiters, sondern vor allem auch durch das Engagement für die Gegenwartskunst. Wechselnde Ausstellungen zeigen grundlegende Tendenzen und Sammlungen der aktuellen internationalen Kunstszene.

## 36
# Alte Pinakothek

Die Alte Pinakothek gehört ohne jeden Zweifel zu den renommiertesten Gemäldegalerien der Welt. Ihren einzigartigen Bestand verdankt sie zu einem großen Teil der Sammelleidenschaft mehrerer kunstbegeisterter Wittelsbacher, deren Einzelsammlungen zu Beginn des 19. Jahrhunderts vereinigt und in der Folge unter Ludwig I. erheblich erweitert wurden.

Ludwig I. war es auch, der den berühmten Architekten Leo von Klenze mit dem Bau eines Ausstellungsgebäudes beauftragte, um die Kunstwerke dem bayerischen Volk zugänglich zu machen. So entstand ab 1826 der seinerzeit größte Museumsbau der Welt, der als architektonisches Vorbild für eine ganze Reihe weiterer Kunstgalerien fungierte. Während des Zweiten Weltkriegs wurde das Gebäude jedoch stark beschädigt, das heutige Erscheinungsbild entspricht daher nicht dem Originalzustand, sondern ist das Resultat des Wiederaufbaus in den fünfziger Jahren – heute noch immer deutlich abzulesen an der unterschiedlichen Ziegelung an der Fassade. Die Gemälde selbst blieben von der Zerstörung glücklicherweise verschont, da sie bereits zu Beginn des Krieges in Sicherheit gebracht worden waren.

Die ständige Ausstellung umfasst heute mehr als 700 Gemälde aus der Zeit des 14. bis 18. Jahrhunderts, darunter weltbekannte Werke von Albrecht Dürer und Peter Paul Rubens. Darüber hinaus werden in regelmäßigen Abständen Sonderausstellungen angeboten.

37

# Neue Pinakothek

Wie schon ihre ältere „Schwester" wurde auch die Neue Pinakothek auf Veranlassung des bayerischen Königs Ludwig I. erbaut. Hier wollte er seine Privatsammlung zeitgenössischer Malerei der Öffentlichkeit zugänglich machen. Die ausgestellten Gemälde des späten 18. und vor allem des 19. Jahrhunderts bilden damit gewissermaßen die chronologische Fortsetzung des Bestands der gegenüber gelegenen Alten Pinakothek. Zu bewundern ist die enorme künstlerische Vielfalt dieser Zeit – so reicht die Spanne der Exponate vom Klassizismus über Symbolismus und Impressionismus bis hin zum Jugendstil.

Auch vor der Neuen Pinakothek hatte die Zerstörung des Krieges nicht haltgemacht, woraus sich in architektonischer Hinsicht allerdings die Möglichkeit eines interessanten Kontrasts ergab. Seit der Eröffnung des von Alexander von Branca entworfenen Neubaus im Jahre 1981 könnten die Gegensätze zwischen den beiden Bauten größer nicht sein: hier die an der italienischen Renaissance orientierte Fassade der Alten Pinakothek, dort der postmoderne, sandsteinverkleidete Betonbau der Neuen Pinakothek. Ob der Kontrast letztendlich als ästhetisch gelungen gelten kann, liegt – ebenso wie die architektonische Beurteilung des Gebäudes selbst – sicherlich im Auge des Betrachters. Faszinierend ist in jedem Fall seine einzigartige und zu Recht viel gerühmte Lichtwirkung, die allein schon einen Besuch wert ist.

38

# Pinakothek der Moderne

Zu den beiden im 19. Jahrhundert gegründeten Pinakotheken gesellt sich seit 2002 eine junge „Schwester“: die Pinakothek der Moderne. Mit ihrer hochkarätigen Sammlung zur Kunst des 20. Jahrhunderts ergänzt sie perfekt das Angebot der Kunststadt München – von den Expressionisten bis zu zeitgenössischen Video-Installationen.

Nicht weniger modern als die Sammlung ist das Museumsgebäude. Von außen präsentiert es sich als blockhafter Betonbau, der durch Glasfronten, Säulen und Öffnungen im Baukörper aufgelockert wird. Im Inneren empfangen den Besucher zum einen ein großzügiges und helles Atrium unter einer gläsernen Kuppel und zum anderen Ausstellungsräume, die durch die Wahl der Baumaterialien schlicht und doch sehr edel wirken.

Neben der Kunst des 20. Jahrhunderts beherbergt die Pinakothek der Moderne auch Ausstellungen des Architekturmuseums, der Graphischen Sammlung und des Design-Museums (Neue Sammlung für angewandte Kunst).

39

# Museum Brandhorst

Mit dem Museum Brandhorst erfährt das Kunstareal mit den drei Pinakotheken von Weltrang einen bedeutenden Zugewinn. So wird das facettenreiche Profil der Kunst des 20. und 21. Jahrhunderts – wie es die Pinakothek der Moderne zeigt – eindrucksvoll erweitert. Schwerpunkte der Sammlung Brandhorst bilden Meilensteine der klassischen Moderne sowie Werke von Künstlern, die seit 1945 stilprägend für die Kunstszene waren. Insgesamt umfasst die Sammlung über 700 bedeutende Werke des 20. Jahrhunderts. Die Highlights sind Werke von Andy Warhol, Cy Twombly, Sigmar Polke, Damien Hirst und die Künstlerbücher von Pablo Picasso.

Die Sammlung von Udo und Anette Brandhorst mit ihren bedeutenden Werkkomplexen ist in dem faszinierenden, von Sauerbruch Hutton entworfenen Bau der Öffentlichkeit zugänglich – kein spektakulärer Bau, sondern ein wohltemperiertes Museum mit einer schrillen, aber doch lockenden Fassade aus 36.000 Keramikstäben in 23 Farben.

40

# Englischer Garten

Der Englische Garten gehört mit einer Gesamtfläche von 373 Hektar zu den größten innerstädtischen Grünanlagen der Welt und übertrifft in dieser Hinsicht sogar den berühmten New Yorker Central Park. Ursprünglich konzipiert als Militärgarten, stand die Anlage schon bei ihrer Eröffnung im Jahre 1792 allen Bürgern der Stadt offen. Dies ist bemerkenswert, da ein solcher „Volkspark“ am Ende des 18. Jahrhunderts in Europa noch eine absolute Rarität darstellte. Mit seinen beeindruckenden Sichtachsen, Bachläufen, Denkmälern und dem idyllischen Kleinhesseloher See weist er alle typischen Merkmale eines klassischen englischen Landschaftsgartens auf.

Wohl auch aufgrund seiner Lage im Osten des Szeneviertels Schwabing entwickelte sich der Englische Garten in der Folgezeit zu einem beliebten Aufenthaltsort für Künstler und Literaten. Um 1900 suchten hier so illustre Persönlichkeiten wie der Maler Paul Klee oder die Schriftsteller Thomas Mann und Rainer Maria Rilke Ruhe und Inspiration.

Damals wie heute zeichnet sich der Park durch sein charakteristisches, unkonventionelles Flair aus. Vor allem im Bereich rund um den Chinesischen Turm präsentiert sich Bayern von seiner weltoffenen Seite. Einheimische und Touristen aus aller Welt treffen sich hier in einem der größten Biergärten Münchens.

41

# Monopteros

Nicht antik, aber immerhin schon über 170 Jahre alt: Seit 1837 thront das runde Tempelchen nach griechischem Vorbild auf einer künstlich geschaffenen Anhöhe über dem Englischen Garten. König Ludwig I. hatte die Errichtung des Monopteros in Auftrag gegeben, um dem Bauherrn der öffentlichen Parkanlage, dem Kurfürsten Karl Theodor, seine Anerkennung auszudrücken.

Heute ist der Monopteros nicht nur ein beliebtes touristisches Ziel, sondern auch eine wichtige Wegmarke, um sich im weitläufigen Gelände des Englischen Gartens zu orientieren.

Wer den 15 Meter hohen Hügel erklimmt, um den von Klenze entworfenen Säulenbau genauer in Augenschein zu nehmen, den erwartet uneingeschränkte Sicht auf die reizvolle Kulisse der Münchner Altstadt – oder auf die Anhänger freier Körperkultur, die sich seit den 60er Jahren traditionell auf den Wiesen unterhalb des Monopteros tummeln.

42

# Bayerische Staatskanzlei

Eine neue Attraktion stellt aufgrund einer gelungenen Mischung aus Alt und Neu die Bayerische Staatskanzlei dar. Vor der Zerstörung im Zweiten Weltkrieg stand an der Stelle der heutigen Staatskanzlei das Bayerische Armeemuseum, ein Zeichen für Bayerns Eigenständigkeit im Deutschen Reich. Jahrzehntelang blieb der vom Zweiten Weltkrieg verschonte Zentralbau als Mahnmal, jedoch ungenutzt an der östlichen Seite des Hofgartens stehen.

1993 verlegte die Bayerische Staatsregierung ihren Amtssitz hierher. Mit den zu zwei Dritteln aus Glas bestehenden modernen Flügelbauten wurde die historische Ruine des Armeemuseums, erkennbar an der klassizistischeKuppel, auf die notwendige Größe erweitert. Im dahinter liegenden, an den Hofgarten angrenzenden Garten befindet sich neben einem Reiterstandbild auch das Grab des unbekannten Soldaten. Am Nordrand der Anlage sind Renaissance-Arkaden aus dem 16. Jahrhundert zu sehen.

43

# Prinz-Carl-Palais

Zwischen Hofgarten und Englischem Garten, am Beginn der Prinzregentenstraße steht seit über 200 Jahren ein Musterbeispiel des Münchner Klassizismus: der Prinz-Carl-Palais. Seinen heutigen Namen trägt es seit den 1920er Jahren als Erinnerung an Prinz Carl von Bayern, der zwar nicht der Erbauer, aber langjähriger Besitzer des damals Palais Royal genannten Gebäudes war. Bauherr war der Erzieher von Kurfürst Max IV. Joseph (später König Maximilian I. Joseph) namens Pierre de Salabert aus Lothringen, der 1803 den jungen Architekten Karl von Fischer mit diesem Projekt beauftragte. Bevor es in den Besitz von Prinz Carl von Bayern überging, war König Maximilian I. Joseph fast 20 Jahre lang Eigentümer des Gebäudes.

Prinz Carl von Bayern ließ das Palais ausbauen und die Haupträume neu gestalten. Nach seinem Tod wurde das Palais Royal zur deutsch-ungarischen Gesandtschaft umfunktioniert und ab 1924 als Dienstwohnung des Ministerpräsidenten umgestaltet. Nach dem Zweiten Weltkrieg war es Sitz der Bayerischen Akademie der Künste, ab 1967 Notquartier der Glyptothek und der Staatlichen Antikensammlung und seit 1969 dient das klassizistische Palais als Dienstsitz des Bayerischen Ministerpräsidenten zu Repräsentationszwecken.

44

# Haus der Kunst

Am südlichen Ende des Englischen Gartens veranlasste Adolf Hitler 1934–37 den Neubau einer Kunsthalle. Dieses „Haus der deutschen Kunst“ sollte ihm als Ehrenhalle für seine Auftritte dienen und die Künstler fördern, die der NS-Ideologie folgten. Berühmte Vertreter der Moderne wurden im Dritten Reich als „entartet“ diffamiert.

Hinter dem klassizistischen äußeren Erscheinungsbild und der Fassade aus Naturstein verbirgt sich ein moderner Stahl- und Stahlbetonbau.

Seit den 50er Jahren werden dort internationale Sonderausstellungen mit Werken renommierter Künstler aus aller Welt veranstaltet. So konnte sich das „Haus der Kunst“ bis heute einen Ruf als Ausstellungsort von Weltrang erwerben.

45

# Bayerisches Nationalmuseum

Im Bayerischen Nationalmuseum findet man keine Trachten und Folkloreartikel, wie der Name vielleicht denken lässt. Vielmehr birgt der große Museumskomplex Höhepunkte der europäischen Kunst aus über 1500 Jahren. Das Inventar reicht von spätantiken Elfenbeinschnitzereien bis zu erstklassigem Jugendstilmobiliar. In jeder Kunstepoche kann das Museum Ausstellungsstücke auf höchstem künstlerischen Niveau vorweisen und steht damit international in der ersten Reihe bedeutender Kunstmuseen. Ergänzt wird diese hochkarätige Kunstsammlung von der volkskundlichen Abteilung, die neben Hafnergeschirr und Bauernstuben, vor allem aber eine umfangreiche Krippensammlung aus ganz Europa.

Von Maximilian II. 1855 gegründet und ursprünglich in der Maximilianstraße untergebracht, ist das Bayerische Nationalmuseum seit 1900 in einem weitläufigen Gebäude an der Prinzregentenstraße beheimatet. Der Architekt Gabriel von Seidl entwarf dafür ganz im Verständnis des Historismus Ausstellungsräume in den unterschiedlichsten Stilformen, die jeweils passend abgestimmt immer den geeigneten Rahmen zu den Exponaten bilden.

Wenn der interessierte Besucher mehr erleben und erfahren möchte, findet er Zweigmuseen des Bayerischen Nationalmuseums in ganz Bayern verteilt. Direkt bei München befinden sich die Sammlung Gertrud Weinholds im Alten Schloss Schleißheim und die Meißner-Porzellansammlung im Schloss Lustheim in Oberschleißheim.

The Cleveland Museum of Art

46

# Friedensengel

Weithin sichtbar schwebt der Friedensengel am östlichen Ufer der Isar auf einer 23 Meter hohen Säule. 1896 ließ die Stadt das Denkmal zum Dank für 25 kriegsfreie Jahre seit dem Frieden von Versailles 1871 errichten. Den Entwurf skizzierte Theodor Fischer nach dem Vorbild einer antiken Statuette der griechischen Siegesgöttin Nike. Das vergoldete Bronze-Standbild, der „Friedensengel", ist sechs Meter hoch und trägt in der rechten Hand einen Palmzweig und in der linken eine Figur der bewaffneten Pallas Athene.

Das mächtige Denkmal besteht neben dem Friedensengel und der Säule aus einem terrassierten Unterbau mit Springbrunnen und zwei Freitreppen im Stil der italienischen Renaissance. Darüber erhebt sich eine Säulenhalle mit Darstellungen schlanker Frauengestalten, wie man sie als Koren auf der Akropolis zu Athen findet. Reliefs an den Pfeilern der Halle tragen die Porträts deutscher Kaiser, Könige, Staatsmänner und Feldherrn. Die gesamte Anlage bildete seinerzeit den Abschluss der Prinzregentenstraße und stellt auch heute einen beliebten Blickfang dar.

47

# Villa Stuck

Schon die äußere Erscheinung der Villa Stuck in der Prinzregentenstraße mit einer Mischung aus Klassizismus und Jugendstil ist beeindruckend. Beim Eintritt in das Gebäude wird dem Besucher ein außergewöhnliches Gesamtkunstwerk aus biografischen, architektonischen und künstlerischen Elementen präsentiert.

Der Erbauer der Villa, Franz von Stuck (1863–1928), kam als Müllersohn nach München, um die Kunstgewerbeschule sowie die Akademie der Künst zu besuchen. Der Erfolg ließ nicht lange auf sich warten: Er wurde zum Professor ernannt, als Münchner Kunstfürst verehrt und schließlich erhielt er sogar einen Adelstitel. Für seine Möbel bekam er auf der Weltausstellung in Paris 1900 die goldene Medaille. Stuck entwarf nicht nur das Gebäude der Villa Stuck selbst; auch die gesamte außergewöhnliche Innenausstattung, die Skulpturen, Reliefs und Gemälde gehen auf diesen Allround-Künstler zurück.

Kurz nach Stucks Tod 1928 sollte ein Museum mit seinen Werken entstehen, doch konnte dieser Plan damals nicht verwirklicht werden. Erst in den 60er Jahren wurde die kriegsgeschädigte Villa wieder hergestellt und seit 1992 steht sie endlich als Museum für Besucher offen. Seitdem kann man die kunstvolle Einrichtung der Atelier- und Arbeitsräume bewundern und wechselnde Ausstellungen über das Leben Franz von Stucks und die Kunst des frühen 20. Jahrhunderts besichtigen.

## 48
# Isartor (Valentin-Musäum)

Auf dem Weg vom Marienplatz zur Isar gelangt man – wie einst die mittelalterlichen Händler und Reisenden, die auf der Salzhandelsstraße unterwegs waren – zum Isartor. Die gesamte Anlage gibt noch heute einen guten Eindruck vom Aufbau der Stadttore, wie sie ab dem 14. Jahrhundert zur Münchner Stadtbefestigung gehörten. Seit damals reckt sich der Hauptturm trutzig in die Höhe; ihm vorgelagert sind ein Wehrhof und zwei oktogonale Vortürme.

König Ludwig I. ließ 1833 das Isartor restaurieren. Seitdem sind an den Vortürmen zahlreiche Wappen angebracht. Im Wehrhof wurde ein Wandfresko mit einem ruhmreichen Vorfahren Ludwigs I. hinzugefügt: Kaiser Ludwig der Bayer bei seinem Siegeszug nach der erfolgreichen Schlacht bei Ampfing 1322.

Im Südturm des Isartors befindet sich eine wahre Schatztruhe für Freunde des Unsinns und des etwas anderen Humors. Das Valentin-Karlstadt-Musäum hält allerlei Kurioses für den Besucher bereit: So hob Karl Valentin zum Beispiel den Nagel auf, an den er seinen ursprünglichen Beruf als Schreiner hängte, und den man nun in der Ausstellung bewundern kann. Auch den liegenden Stehkragen seines Vaters hinterließ er der Öffentlichkeit, genau wie seinen mit Pelz besetzten Winterzahnstocher.

Alt und Jung kommen auf ihre Kosten in diesem Musäum, das eine „Befreiungshalle“ für männliche Besucher mit irdischen Bedürfnissen bereithält. Neben der Valentin-Ausstellung befinden sich im Isartor außerdem ein Volkssängermuseum und das „Turmstüberl“, ein Café mit heimeliger Einrichtung im Stil der Jahrhundertwende.

49

# Deutsches Museum

„In diesem Haus darf jeder machen, was ich will" ist in den Stein der Eingangshalle eingraviert – eine Äußerung, mit der das wichtigste Gründungsmitglied des Museums, Oskar von Miller, das bis heute gültige pädagogische Prinzip des Hauses umrissen haben soll: Das seit 1903 bestehende Museum stellt nicht nur beeindruckende Exponate aus, sondern lässt seine Besucher Wissenschaft und Technik oft buchstäblich am eigenen Leib erfahren. Anschauliche Demonstrationen und unzählige Experimente, die von allen Wissensdurstigen selbst betätigt werden können, machen den Museumsbesuch zum Erlebnis der ganz besonderen Art: Wer will, kann eine menschliche Körperzelle betreten, wie Archimedes das Gesetz vom Auftrieb entdecken oder im originalgetreu gestalteten Bergwerk die Schachtförderung des 19. Jahrhunderts miterleben.

Das Hauptquartier des Museums befindet sich seit 1925 auf der ehemaligen Kohleninsel, wo eine Fläche von 45.000 $m^2$ Platz für 50 verschiedene Abteilungen mit insgesamt 18.000 Ausstellungsstücken bietet. Quantität und Qualität der Exponate machen das Haus zu einer der weltweit bedeutendsten Sammlungen im naturwissenschaftlich-technischen Bereich.

Dass es sich auch ungeheuerer Popularität erfreut, beweisen die Besucherzahlen: Mit rund 1,2 Mio. zahlenden Gästen jährlich rangiert das Deutsche Museum unter den beliebtesten Ausstellungshäusern in Deutschland unangefochten auf Platz 1.

## 50

# Müllersches Volksbad

Bei seiner Eröffnung beeindruckte es durch modernste Ausstattung und Technik, heute besticht es vor allem durch seine elegante Jugendstilarchitektur: Durch eine großzügige Stiftung des Ingenieurs Karl Müller kamen die Münchner 1901 zu ihrer ersten öffentlichen Schwimmanlage, die dank der Erhaltungsbestrebungen der Stadt heute zu den schönsten Badehäusern in Europa gehört.

Im hinteren Teil des langgestreckten Baus am östlichen Isarufer sorgen Wasserspeier und stuckverzierte Decken für ein besonders stilvolles Planschvergnügen – Besucher können sich hier an sieben Tagen in der Woche in die Fluten der beiden Schwimmhallen stürzen.

Hauptattraktion der Anlage ist jedoch das unter dem kuppelförmigen Dach untergebrachte irisch-römische Dampfbad, das die Badegäste in drei verschiedenen Heißlufträumen mit teils maurischem Ambiente bei bis zu 80 °C gehörig ins Schwitzen bringt. Wer es nicht ganz so warm haben möchte, kann sich zur Entspannung natürlich auch in eine der hölzernen Ruhekabinen zurückziehen, sich eine Massage gönnen oder im hauseigenen Café dafür sorgen, dass das leibliche Wohl nicht auf der Strecke bleibt.

51
# Kulturzentrum Am Gasteig

Nach der Zerstörung der beiden großen Konzertsäle im Zweiten Weltkrieg hatten die Münchner Philharmoniker keine Probe- und Aufführungsräume mehr. Da auch die Münchner Stadtbibliothek und die Münchner Volkshochschule neue Räumlichkeiten mehr als nötig hatten, entschloss man sich, ein neues Kulturzentrum zu errichten, das Platz für alle bot. Man entschied sich für den Bau für das Gelände des „gachen Steigs" (steiler Steig). Der Bau begann 1978, nach einigen Schwierigkeiten und Planänderungen wurde das Kulturzentrum – das um einiges teurer war, als zunächst eingeplant – 1984 fertig gestellt.

Im Gasteig befinden sich mehrere Veranstaltungssäle, herausstechend ist die Philharmonie mit ihrem verschachtelten Holzdesign, die fast 2.400 Personen Platz bietet.

## 52
# Bavaria und Ruhmeshalle

Auf der Naturterrasse über der Theresienwiese wacht stolz die Bavaria über München, die Patronin Bayerns, dargestellt als germanisches Prachtweib im Bärenfell mit Schwert und erhobenem Eichenkranz, von einem Löwen flankiert. Eine mächtige, über 18 Meter hohe, hohle Statue, 1850 aus Bronze gegossen, die eine Aussichtsplattform in ihrem Kopf beherbergt.

Umrahmt wird das Standbild von einer dreiflügeligen dorischen Ruhmeshalle aus Marmor aus den Jahren 1843–53 mit zahlreichen Büsten prominenter Personen, unter anderem der des Auftraggebers Ludwig I.

53

# Oktoberfest (Theresienwiese)

Hört man das Wort „Theresienwiese", so ist das erste, was einem in den Sinn kommt, wohl „Oktoberfest". Die „Wies'n", wie es der Bayer nennt, entstand aus einer alten Tradition heraus, nämlich aus der alljährlichen Wiederholung der Hochzeitsfeierlichkeiten von Therese von Sachsen mit Kronprinz Ludwig, später König Ludwig I. Was 1810 zunächst als Pferderennen begann, erweiterte sich bereits 1811 um ein Landwirtschaftsfest, 1818 kamen die ersten Karussells dazu, 1896 stand das erste große Bierzelt, das des Wirts Michael Schottenhamel (bis heute eines der beliebtesten Bierzelte der Einheimischen).

Weiter zu verzeichnende Veranstaltungen auf der Theresienwiese sind das Wintertollwood – ein Festival mit Buden, Theater und Musik –, das kleine Frühlingsfest, Flohmärkte und Zirkusvorstellungen. Doch die bekannteste Attraktion ist nach wie vor das Oktoberfest, das größte Volksfest der Welt mit jährlich etwa 6 Mio. Besuchern.

MAGIC

17:30 LIVE FÜR BAYERN

SPATEN
DER HIPPODROM JAHRESKRUG 2007

HB
HOFBRÄU FESTZELT
TABAKWAREN · SÜSSWAREN
FILME
FEINKOST · FEINKOST
FEINKOST · FEINKOST
U

# 54
# Olympiapark/Olympiastadion

Ursprünglich befand sich auf dem Gelände des heutigen Olympiaparks der erste Münchner Flughafen. Als dieser 1939 nach Riem verlegt wurde, blieb ein großes ungenutztes Areal zurück. Nach dem Zweiten Weltkrieg türmten sich hier die Schuttberge des zerstörten München. Die städteplanerischen Chancen dieser Brache innerhalb des Stadtgebiets wurden jedoch bald erkannt: 1966 wählte das Internationale Olympische Komitee diesen Standort als idealen Ort für die XX. Olympischen Spiele 1972 – nicht zuletzt aufgrund der Möglichkeit, die Spiele mitten in einer Großstadt, aber dennoch im Grünen austragen zu können. Die Schuttberge wurden zum Olympiaberg und der Nymphenburger Kanal zur Seenplatte umgestaltet. Die Architektur der Sportstätten beeindruckt bis heute und gehört zu den Höhepunkten der deutschen Nachkriegsarchitektur.

Weltberühmte Zeltdächer überspannen die drei Hauptgebäude des Olympiaparks: das Olympiastadion, die Olympiahalle und die Schwimmhalle. Das von den Architekten Behnisch & Partner entworfene Olympiastadion war ursprünglich für 80.000 Zuschauer konzipiert, diese Zahl wurde aber Ende der 1990er Jahre aus Sicherheitsgründen auf 69.000 reduziert. Aufgrund des umfangreichen Angebots an kulturellen und sportlichen Veranstaltungen ist der Olympiapark bis heute eine der beliebtesten Freizeitanlagen Münchens.

G

## 55
# Olympiaturm

Der Münchner Olympiaturm ist mit 291,28 Metern einer der höchsten Türme Deutschlands und mittlerweile zu einem der Wahrzeichen Münchens geworden. Täglich befördern die Aufzüge mit sagenhaften 7 m/s Besucher auf die Aussichtsplattform in 190 Metern Höhe. Bei günstiger Witterung bietet diese einen umwerfenden Ausblick über die Stadt und auf die dahinter liegenden Alpen, manchmal sogar bis hin zum Salzkammergut. Das Drehrestaurant in 181 Metern bietet kulinarische Schmankerl, während es konstant um die eigene Achse rotiert und aus dem Gaumen- zusätzlich einen Augenschmaus macht.

Seit Februar 1968 ist der 52.500 Tonnen schwere Koloss in Betrieb. Als Fernmeldeturm versorgt er die Stadt mit einwandfreiem Empfang von Radiosendern und Fernsehprogrammen.

## 56
# Allianz-Arena

Abends erstrahlt die Allianz-Arena im Norden Münchens wie ein einziger gigantischer Leuchtkörper in den Farben rot, blau oder weiß und zieht damit, etwa von der nahen Autobahn aus gesehen, magisch alle Blicke auf sich. Das Stadion – eines der modernsten Europas – erscheint dem Betrachter wie ein überdimensionales Schlauchboot und beeindruckt durch seine organisch wirkende Zusammensetzung aus 2.760 aufgeblasenen Folienkissen. Die Beleuchtung verstärkt diesen Eindruck noch zusätzlich: Dabei erfolgt die Farbwahl nicht willkürlich, sondern verrät, welche der Münchner Mannschaften auf dem Platz steht: Bayern München (rot), 1860 München (blau) oder keines der beiden Teams (weiß).

Unter den Membrankissen der futuristischen Dachkonstruktion finden knapp 70.000 Personen einen (Sitz-)Platz. Das ausschließlich als Fußballarena der beiden Münchner Vereine genutzte Stadion gehört seit seiner Fertigstellung 2005 zu den jüngsten Wahrzeichen Münchens.

Die vom Architektenbüro Herzog & de Meuron geplante Allianz-Arena kann auch außerhalb des Spielbetriebs im Rahmen von Führungen besichtigt werden.

rechts **Ansicht parkseitig**
folgende Doppelseite links **Badenburg im Nymphenburger Schlosspark**
folgende Doppelseite rechts **Apollo-Tempel im Schlosspark**

57

# Schloss Nymphenburg

Kurfürst Ferdinand Maria ließ Schloss Nymphenburg als Geschenk für seine Frau Adelheid von Savoyen bauen, nachdem sie ihm mit Max Emanuel einen Thronerben geboren hatte.

Was heute als eines der größten und prachtvollsten Schlösser Europas gilt, begann im 17. Jahrhundert als würfelförmige Landvilla. Max Emanuel sowie auch Karl Albrecht (dessen Sohn) ließen diese Villa später zu einem um einiges größeren und prachtvolleren Bau mit Schlossanlage, Gärten und kleinen Burgen erweitern. Im Innern des Schlosses erwarten die Besucher prachtvolle Räume, vom Steinernen Saal über das Geburtszimmer Ludwigs II. bis hin zur Schönheitengalerie Ludwigs I. mit den Porträts 36 bildhübscher Damen.

# 58
# Botanischer Garten

In direkter Nachbarschaft zum Nymphenburger Schlosspark erstrahlt Münchens Botanischer Garten zu jeder Jahreszeit in neuer Blüte. Wer neben heimischen Pflanzenarten das Wachstum feuchttropischer Biotope oder die Überlebenskünstler der Wüsten bewundern möchten wird in den Gewächshäusern im Münchner Botanischen Garten staunen.

Auf 22 ha werden rund 14.000 Pflanzenarten kultiviert, und so präsentiert sich dem Gast ein imposantes Blumenmeer in prächtigen Farben im Schmuckgarten, Frühlingsgarten oder im Rosengarten. Ein Spaziergang führt über Anlagen mit Nutz- und Arzneipflanzen, Moor- und Heidearten, Holzgewächsen aus aller Welt sowie durch einheimische und exotische Bepflanzungen.

Der Botanische Garten dient aber nicht nur als Schaugarten, Naherholungsgebiet und für erlebnisreiche Spaziergänge. Gärtnereien und die Studenten der Ludwig-Maximilian Universität nutzen ihn auch als Forschungsstätte.

rechts **Verwaltungsgebäude (links) und BMW-Museum**
folgende Doppelseite links **Werk München mit Verwaltungsgebäude, BMW-Museum und BMW-Welt**
folgende Doppelseite rechts **BMW-Welt**

# 59
# BMW

Der Autohersteller BMW hat sich im Münchner Norden mit drei Bauten einen festen Platz unter den Sehenswürdigkeiten der bayerischen Hauptstadt verdient: Das Verwaltungszentrum von 1970 bis 1973 wurde in Form eines Vierzylinders errichtet – sprich: vier Rundtürme auf dem Grundriss eines Kleeblatts – und ging mit damit in die Münchner Baugeschichte ein.

Ein Muss für jeden Automobil- oder Motorradliebhaber ist natürlich ein Besuch im BMW-Museum. Seit Juni 2008 werden nach einer Renovierung und Erweiterung die über 90-jährige Geschichte vom Bayerischen Flugzeug-Werk zum internationalen Konzern und die historische Entwicklung der Automobil-Produktionen auf rund 5.000 $m^2$ präsentiert.

Der jüngste Zuwachs unter dem Bauensemble ist die BMW-Welt, die seit 2007 Besuchern offen steht: Ein Erlebniszentrum zum Thema Auto in einem spektakulären Gebäude des renommierten Architektenbüros COOP Himmelb(l)au.

BMW

## 60
# Tierpark Hellabrunn

Von Afrika nach Australien ist es nur ein Katzensprung: An 365 Tagen im Jahr können Besucher des Tierparks Hellabrunn in den Isarauen eine zoologische Reise antreten, die sie einmal rund um den Globus führt. Die 1911 eröffnete Anlage wurde in den vergangenen Jahrzehnten kontinuierlich erweitert und beherbergt heute auf einer Fläche von 36 ha ca. 7.700 Tiere.

Ziel des Münchner Zoos ist es jedoch nicht, übermäßig viele verschiedene Arten zu sammeln, sondern möglichst natürliche Lebensbedingungen für seine tierischen Bewohner zu schaffen: Ein gewaltiges Dschungelhaus, freilaufende Totenkopfäffchen und ein kettenloses Elefantengehege sind nur einige wenige Zeugnisse dieser Philosophie, die den Zoogästen Tierbeobachtungen der ganz besonderen Art ermöglicht.

rechts **Inneres der spätgotischen Schlosskirche mit den Altären von Jan Pollack**

folgende Doppelseite **Außenaufnahme mit Würm**

# 61
# Schloss Blutenburg

Weil er für „schöne Frauen, weiße Tauben und Saitenspiel" mehr übrig hatte als für Bruderkämpfe im Hause Wittelsbach verzichtete Herzog Sigismund auf eine Mitregierung und zog sich in seine geliebte Blutenburg zurück, ein von einer Mauer und vier Türmen umgebenes und von der Würm umflossenes Jagdschloss. Ab 1488 baute Sigismund hier eine Kirche ausgestattet mit Meisterwerken der Gotik. Unter anderem zählen die drei Altäre von Jan Pollack zu den Hauptwerken der spätgotischen Tafelmalerei in Deutschland.

Die Blutenburg bietet ein stimmungsvolles Gesamtkunstwerk der Spätgotik in höchster Qualität, welches auch heute noch in einer Reinheit erhalten ist, wie sie nur mehr selten zu finden ist. Das Schloss ist durch eine Sichtachse mit Schloss Nymphenburg verbunden.

## 62
# Neue Messe München/Messestadt Riem

Sechs Jahre nach der Verlegung des Flughafens von München-Riem nach Erding war 1998 alles bereit für den Umzug der Messe München auf das ehemalige Flughafenareal. Bisher lag der Messe-Standort auf der Theresienhöhe hinter der Ruhmeshalle, die Räumlichkeiten aber waren zu klein geworden und das nur 7 Kilometer vom Stadtzentrum entfernte neue Messegelände München-Riem bietet auf 18 Hektar mit 17 Messehallen und einem ausgedehnten, begrünten Freigelände von 36 Hektar ideale Voraussetzungen für internationale Messen. Das Gelände der Ausstellungshallen ist so konzipiert, dass sich Besucher und Aussteller leicht orientieren und die Atmosphäre in den Gebäuden aus Stahl, Glas und Holz entspannt genießen können.

Außerdem entsteht auf dem ehemaligen Flughafengelände ein neues Wohngebiet, in dem bis 2012 circa 16.000 Bewohner ein neues Zuhause haben werden. In diesem nach neuesten städteplanerischen Gesichtspunkten errichteten Stadtviertel wird es an nichts fehlen. Großzügige Grünanlagen, wie der 190 Hektar große Landschaftspark und der eigens angelegte Riemer See, bilden ein attraktives Naherholungsgebiet, das sich in seiner Anlage von allen anderen Parks unterscheidet: Streng geometrische Bepflanzungen faszinieren und gelten in ihrer radikalen Abkehr vom Landschaftspark englischen Typs als stilbildend.

## 63
# Herz-Jesu-Kirche

Für die in den Jahren 1997 bis 2000 entstandene Kirche gab es kein Vorbild in der gesamten Kirchenarchitektur. Die in ihrer Gesamthöhe portalgleich zu öffnende Südfassade bildet, wenn sich die Tore hydraulisch zur Seite bewegen, eine faszinierende Geste der Einladung. Mit 14,2 Meter Höhe und 18,8 Meter Breite sind sie die größten Kirchentüren der Welt.

Doch damit nicht genug der architektonischen Besonderheiten: Je nach Sonnenstand und Lichteinfall hebt sich auf den Portalen schwach sichtbar ein monumentales Kreuz ab. Diesem korrespondiert hinter dem Altarbereich ein zweites Kreuz. Die Kirche steht auf einer großen Natursteinplatte aus Kalkstein, deren Oberfläche sich von außen nach innen, von rauh und lichtabsorbierend hin zu glatt und lichtreflektierend, verändert und zum Altar hin abfällt. Der Altar, sakraler Mittelpunkt der Kirche, wächst als Monolith aus der Natursteinplatte heraus.

Der Kirchenraum selbst wird durch zwei ineinander gestellte würfelförmigen Hüllen mit gegenläufigen Materialeigenschaften geprägt. Die stärker werdende Satinierung der äußeren Hülle aus Glas verändert und veredelt den Lichteinfall und gibt der Fassade eine kristalline Materialität. Die innere Hülle aus hellen Ahornholzlamellen bildet den Geborgenheit verströmenden Kirchenraum. Nachts wird die quaderförmige Kirche für Gottesdienste von einem warmen, einladenden Licht erleuchtet.

## 64
# Schloss Schleißheim

Was sich heute als eines der prächtigsten Schlösser Bayerns darstellt, entstand einst aus ganz bescheidenen Anfängen: Herzog Wilhelm V. ließ sich 1597 in Schleißheim ein schlichtes Herrenhaus bauen. Sein Sohn Maximilian I. stellte jedoch bereits höhere Ansprüche und veranlasste den Abriss des erst 20 Jahre alten Gebäudes zugunsten eines Neubaus. Dieses neu errichtete Spätrenaissance-Schloss, heute Altes Schloss Schleißheim genannt, wurde im Zweiten Weltkrieg zerstört und ab 1970 wieder aufgebaut. Momentan präsentiert sich hier dem Besucher eine Zweigstelle des Bayerischen Nationalmuseums: die Sammlung von Gertrud Weinhold mit Objekten des christlichen Volksglaubens aus aller Welt und eine Ausstellung zur Landeskunde Ost- und Westpreußens.

Zu seiner Hochzeit mit der Kaisertochter Maria Antonia ließ Kurfürst Max Emanuel ab 1685 im Schleißheimer Schlosspark ein Lustschloss im spätbarocken Stil errichten. Heute befindet sich in den Räumen von Schloss Lustheim eine ausgezeichnete Sammlung Meißner Porzellan aus der Blütezeit dieser Manufaktur im 18. Jahrhundert.

Erst als letzter großer Bestandteil des Ensembles entstand auf Geheiß Max Emanuels das glanzvolle barocke Zentrum der Schlossanlage: das Neue Schloss Schleißheim. Der Plan einer Verbindung von Neuem und Altem Schloss zu einer Vierflügel-Anlage und damit zu einer eindrucksvollen Residenz konnte aus finanziellen Gründen nicht realisiert werden. Besucher können heute im Neuen Schloss eine barocke Gemäldegalerie der Bayerischen Staatsgemäldesammlung besichtigen.

Der Schlosspark umfasst diese drei Hauptgebäude der Schleißheimer Schlossanlage und ist einer der bedeutendsten europäischen Barockgärten nach niederländischem und französischem Vorbild.

# 65
# Isar

Zahlreiche historische Brücken innerhalb des Stadtgebiets machen die Isar zu einer Fundgrube architektonischer Kostbarkeiten – die Münchner schätzen die innerstädtische Flusslandschaft jedoch vor allem als urbanes Naherholungsgebiet. Ob Pedale treten auf dem Radwanderweg, sportliches Raften und Federballspielen oder einfach nur entspannt am Ufer picknicken: Von jedem Stadtteil aus gut erreichbar laden ihre Auen zu den unterschiedlichsten Freizeitaktivitäten ein. Besonders beliebt sind die Kiesbänke des Flauchers, eines im Süden der Stadt gelegenen Isarabschnittes, wo sich der Münchner an warmen Tagen und lauen Abenden besonders freizügig zeigt: Hier darf gemütlich gegrillt werden und besonders viele Sonnenanbeter kommen dorthin, um auch noch die letzte Hülle fallen zu lassen.

Wurde der einstige Wildfluss Jahrhunderte lang durch Ufermauern und Wehranlagen zu bändigen versucht, so bemüht man sich seit einigen Jahren, der Isar wieder etwas von ihrer ursprünglichen Ausprägung zurückzugeben. Im Zuge dieses aufwändigen Renaturierungsprojekts wurde die Wasserqualität so massiv verbessert, dass seit 2005 sogar in einigen Abschnitten der Isar gebadet werden kann – ein Luxus, den kaum eine andere europäische Großstadt ihren Bürgern erlauben könnte.

66

# Biergärten

Trotz aller großstädtischen Betriebsamkeit und modernen Infrastruktur fehlt selbst im Zentrum Münchens eine typisch bayerische Institution nicht: der Biergarten. Als Erholung von anstrengenden Besichtigungen, nach einem langen Arbeitstag oder einfach um das schöne Wetter zu genießen – eigentlich gibt es genug Gründe, sich auf einer Bierbank niederzulassen und im Freien mit einer Maß Bier anzustoßen. Da München oft von einem warmen Fallwind aus den Alpen namens „Föhn" profitiert, kann die Biergartensaison durchaus schon im März beginnen und endet nicht selten erst im Spätherbst.

Natürlich ist in Biergärten meist auch für Mahlzeiten, und sei es nur eine Breze, gesorgt. Doch echte Biergärten erkennt man daran, dass die Besucher ihre Brotzeit selbst mitbringen dürfen. Nur das Bier – und damit der eigentliche Grund der Einkehr – wird frisch gezapft und gut gekühlt stets vor Ort ausgeschenkt.

Der weltgrößte Biergarten ist der Münchner Hirschgarten, bekannter sein dürfte dagegen derjenige am Chinesischen Turm im Englischen Garten. Besonders schön und zentral gelegen ist der Biergarten im Viktualienmarkt, in dem man zum Bier auch die diversen Delikatessen der umgebenden Marktstände genießen kann.

Münchner Innenstadt innerhalb des Altstadtringes (grau). Blau eingefärbte Straßen zeigen Bereiche, die ausschließlich für Fußgänger bestimmt sind. Die Nummern verweisen auf die im Buch beschriebenen Sehenswürdigkeiten. Außerhalb des Ringes befindliche Sehenswürdigkeiten finden sich auf der nächsten Seite.

01 St. Peter
02 Marienplatz
03 Neues Rathaus
04 Glockenspiel
05 Altes Rathaus
06 Frauenkirche (Dom)
07 St. Michael
08 Karlstor und Karlsplatz (Stachus)
09 Max-Joseph-Platz
10 Nationaltheater
11 Residenz
12 Cuvilliés-Theater
13 Hofgarten
14 Theatinerkirche
15 Feldherrnhalle
16 Alter Hof
17 Alte Münze
18 Hofbräuhaus
19 Heilig-Geist-Kirche
20 Viktualienmarkt
21 Stadtmuseum
22 Synagoge
24 Dallmayr
25 Maximilianstraße
28 Lenbachplatz
29 Asamkirche
30 Sendlinger Tor
31 Ludwigstraße und Staatsbibliothek
42 Bayerische Staatskanzlei
43 Prinz-Carl-Palais
48 Isartor
66 Biergärten

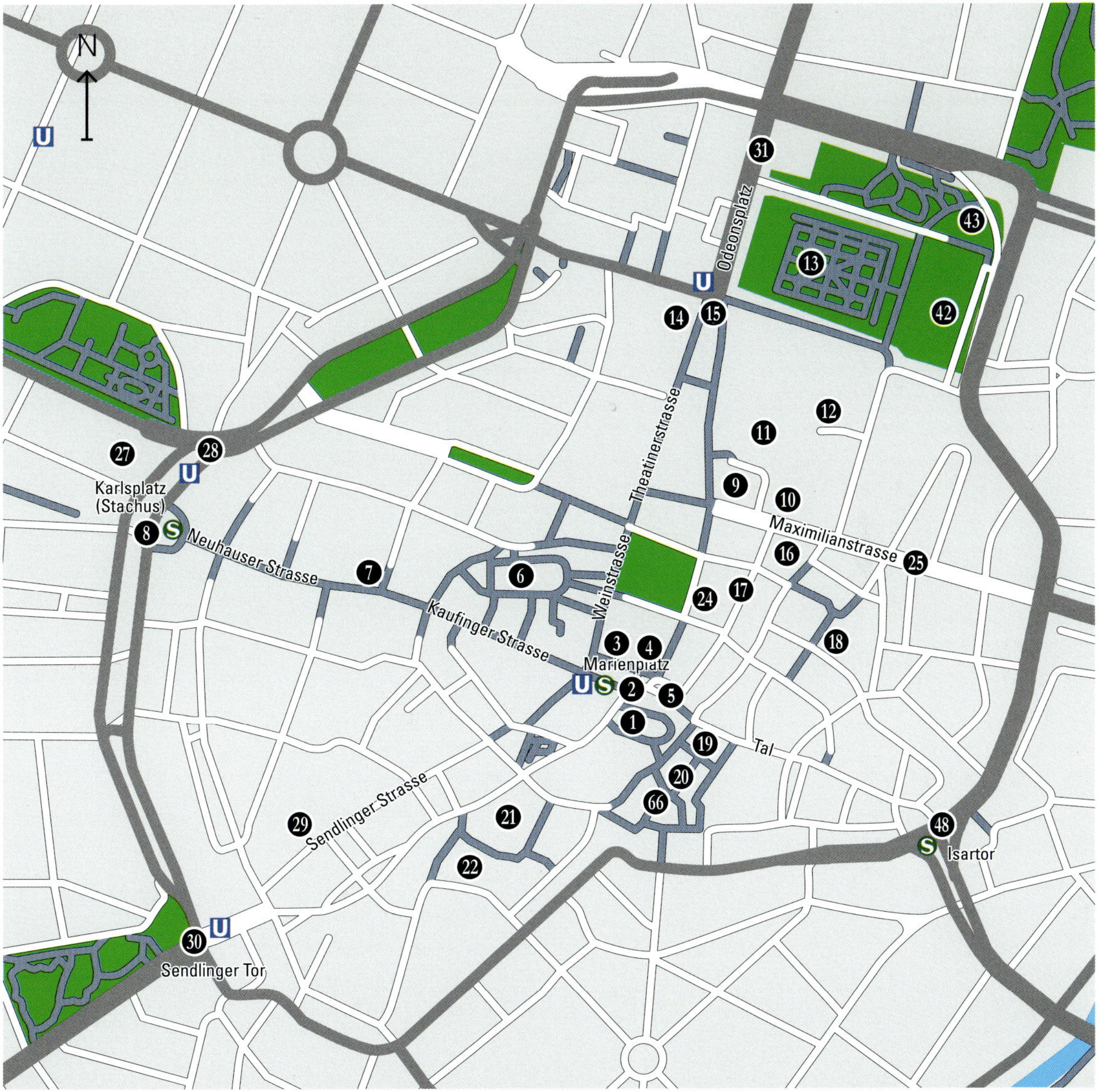
N
U
31
Odeonsplatz
43
13
U
42
14
15
12
11
Theatinerstrasse
27
28
U
9
10
Karlsplatz
(Stachus)
8
S
Neuhauser Strasse
Maximilianstrasse
25
16
7
6
24
17
Weinstrasse
Kaufinger Strasse
3
4
18
Marienplatz
U
S
2
5
1
19
Tal
20
Sendlinger Strasse
66
29
21
48
S
Isartor
22
U
30
Sendlinger Tor

München innerhalb des Mittleren Ringes (grau) und im Westen bis zum Nymphenburger Park. Die Nummern verweisen auf die im Buch beschriebenen Sehenswürdigkeiten. Innerhalb des Altstadtringes (weiße Ringstraße in der Mitte der Karte) befindliche Sehenswürdigkeiten finden sich auf der vorhergehenden Seite.

23 Theater am Gärtnerplatz
25 Maximilianstrasse
26 Maximilianeum
27 Justizpalast
31 Ludwigstraße und Staatsbibliothek
32 Ludwig-Maximilians-Universität
33 Siegestor
34 Königsplatz
35 Lenbachhaus
36 Alte Pinakothek
37 Neue Pinakothek
38 Pinakothek der Moderne
39 Brandhorst Museum
40 Englischer Garten
41 Monopteros
44 Haus der Kunst
45 Bayerisches Nationalmuseum
46 Friedensengel
47 Villa Stuck
49 Deutsches Museum
50 Müllersches Volksbad
51 Kulturzentrum Am Gasteig
52 Bavaria und Ruhmeshalle
53 Oktoberfest (Theresienwiese)
54 Olympiapark/Olympiastadion
55 Olympiaturm
56 Allianz-Arena
57 Schloss Nymphenburg
58 Botanischer Garten
59 BMW
60 Tierpark Hellabrunn
61 Schloss Blutenburg
62 Neue Messe München
63 Herz-Jesu-Kirche
64 Schloss Schleissheim
65 Isar
66 Biergärten

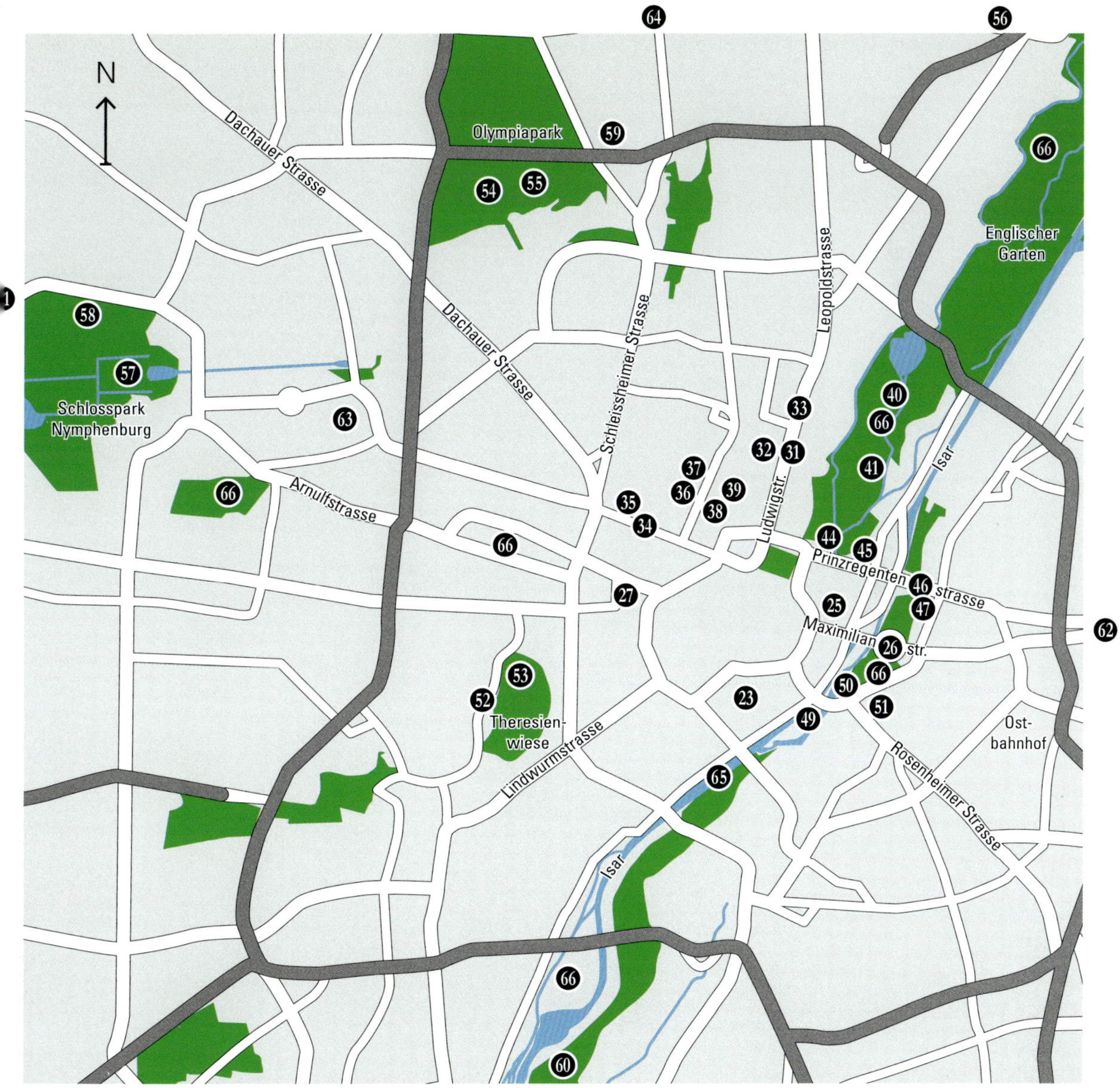
N
Dachauer Strasse
Olympiapark
Dachauer Strasse
Schleissheimer Strasse
Leopoldstrasse
Englischer Garten
Schlosspark Nymphenburg
Arnulfstrasse
Ludwigstr.
Isar
Prinzregentenstrasse
Maximilianstr.
Theresienwiese
Lindwurmstrasse
Ost-bahnhof
Rosenheimer Strasse
Isar
1
23
25
26
27
31
32
33
34
35
36
37
38
39
40
41
44
45
46
47
49
50
51
52
53
54
55
56
57
58
59
60
62
63
64
65
66

Gesamtplan des öffentlichen Nahverkehrs (S-Bahn, U-Bahn, Straßenbahn) in München, ohne Busverbindungen.

Mit freundlicher Genehmigung der Münchner Verkehrsgesellschaft mbH, MVG

# Innenraumnetz München

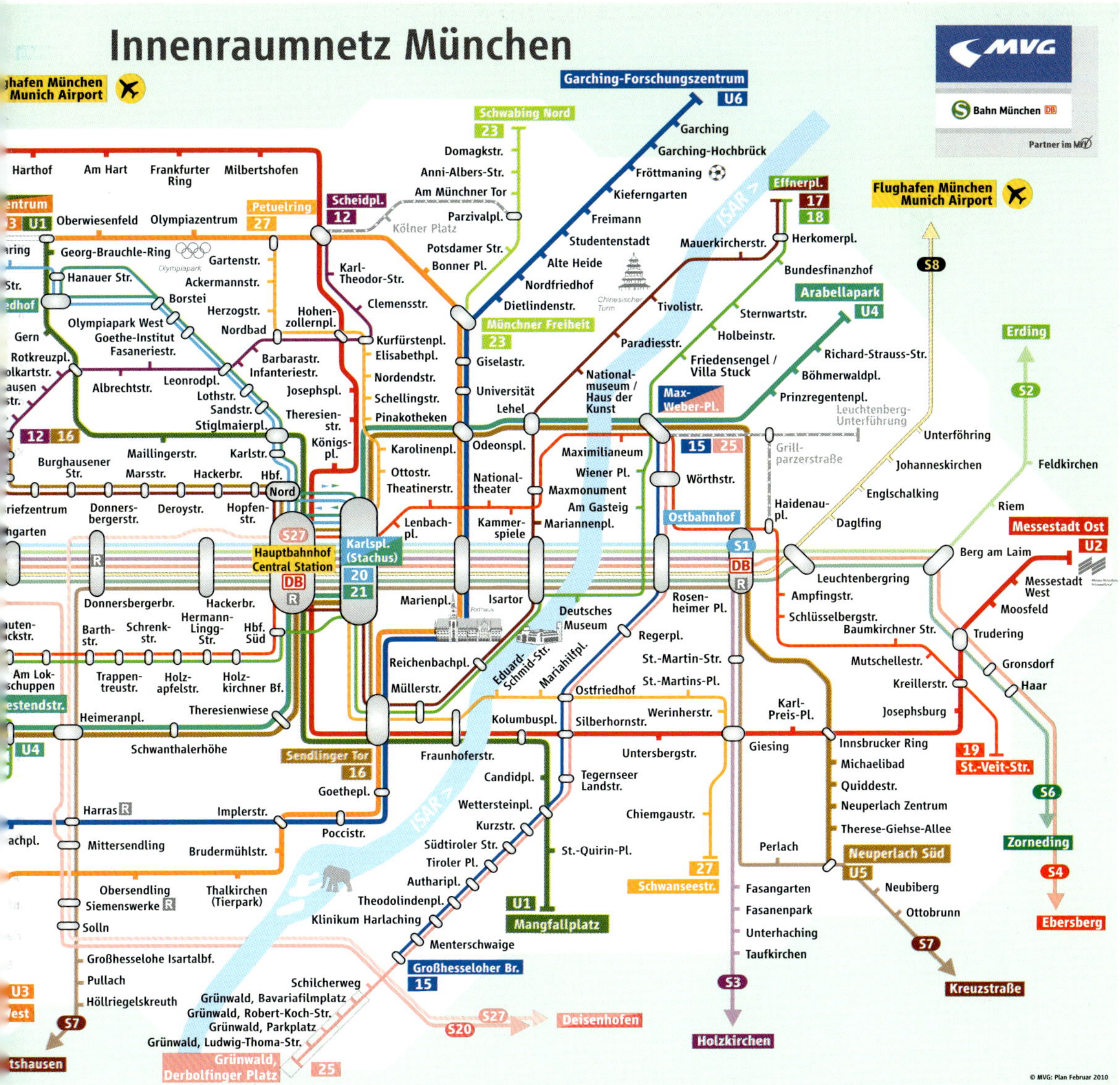

# Bildnachweis

U1 shutterstock p3 shutterstock p8 Manfred Rutz/Getty Images 01 Wolf-Christian von der Mülbe 02 H.Gebhardt/FVAmuc 03 (a) Friedrich Zenz/FVAmuc (b) shutterstock 04 (a/b) shutterstock 05 Christl Reiter/FVAmuc 06 (a) Alfred Müller/FVAmuc (b) shutterstock 07 (a) istock (b) Bildagentur Huber/R. Schmid 08 shutterstock 09 Bayerische Schlösserverwaltung 10 shutterstock 11 (a) fotolia (b/c) Anton Brandl 12 Philipp Mansmann/Bayerische Schlösserverwaltung 13 fotolia 14 (a/b) shutterstock 15 (a) fotolia (b) shutterstock 16 Anton Brandl 17 Bayerisches Landesamt für Denkmalpflege 18 (a/b) © BBMC 19 Anton Brandl 20 Lothar Kaster/FVAmuc 21 Klaus Wagenhäuser/ mauritius 22 shutterstock 23 Bayerisches Landesamt für Denkmalpflege 24 © Dallmayr 25 mauritius 26 shutterstock 27 (a) shutterstock (b) Dipod 28 shutterstock 29 Bildagentur Huber/R. Schmid 30 Paul Wheatley 31 PantherMedia 32 Bildagentur Huber/R. Schmid 33 istock 34 shutterstock 35 C.L.Schmitt/FVAmuc 36 Haydar Koyupinar © Alte Pinakothek 37 Haydar Koyupinar © Neue Pinakothek 38 (a/b) Haydar Koyupinar © Pinakothek der Moderne 39 istock 40 Bildagentur Huber/R. Schmid 41 istock 42 (a) fotolia (b) shutterstock 43 fotolia 44 fotolia 45 Bayerisches Nationalmuseum München 46 (a) shutterstock (b) fotolia 47 Anton Brandl 48 fotolia 49 Deutsches Museum/Klaus Brenninger 50 (a/b) istock (c) Jorge Royan, Müllersches Volksbad 51 (a) Rufus (b) Andreas Praefcke 52 (a) Volk Verlag (b) fotolia 53 (a) Alfred Müller/FVAmuc (b) shutterstock (c) © Hofbräu-Festzelt (d)photocase 54 (a/b/c/d) shutterstock 55 fotolia 56 shutterstock 57 (a) shutterstock (b) fotolia (c) shutterstock 58 shutterstock 59 (a/b/c) © BMW AG 60 Bildagentur Huber/R. Schmid 61 (a) Bayerisches Landesamt für Denkmalpflege (b) fotolia 62 Anton Brandl 63 Florian Holzherr 64 Bildagentur Huber/R. Schmid 65 (a) Panthermedia (b) shutterstock (c) 66 Inbev Deutschland VertriebsGmbH & Co KG p163/165 Volk Verlag p166/167 MVG